Luis de Belmonte Bermúdez

El diablo predicador

Barcelona **2024**
Linkgua-ediciones.com

Créditos

Título original: El diablo predicador.

© 2024, Red ediciones S.L.

e-mail: info@linkgua.com

Diseño de cubierta: Michel Mallard.

ISBN tapa dura: 978-84-1126-117-3.
ISBN rústica: 978-84-9816-340-7.
ISBN ebook: 978-84-9897-057-9.

Sumario

Brevísima presentación

La vida

Luis Belmonte Bermúdez (Sevilla, ¿1598?-Madrid ¿1650?) España.

Poeta, cronista de Indias y dramaturgo español del Siglo de Oro.

Se discute su fecha de nacimiento, que parece demasiado tardía. Joven marchó a México y al año siguiente al Perú. Ya entonces se dedicaba de lleno a la literatura. Actuó como cronista y secretario en expediciones del general Pedro Fernández de Quirós y escribió una *Historia del descubrimiento de las regiones Austriales hecho por el general Pedro Fernández de Quirós*. Tras una nueva estancia en México regresó a España en 1616 y se estableció en Sevilla.

En 1620 vivió en Madrid y participó en las Justas poéticas de San Isidro. Desde entonces dejó la poesía y se consagró al teatro.

Es autor de dos poemas épicos: *La aurora de Cristo* y *La Hispálica*, este último sobre la conquista de Sevilla. Se conserva además media docena de piezas teatrales suyas; la más célebre es *El diablo predicador*. Que apareció como escrito anónimo por el desenfado y libertad de algunos caracteres, y solo tuvo problemas con la censura muchos años después.

Sus contemporáneos vieron en ella una exaltación de la orden franciscana y de la práctica de la caridad, pero después se entendió como una crítica anticlerical a causa del personaje cómico de fray Antolín. En esta obra Luzbel es castigado por san Miguel, a causa del hambre que hace pasar a unos franciscanos, a pedir limosna y tras ello se transforma en predicador.

Personajes

Feliciano, galán
El guardián de san Francisco
El gobernador de Luca
Luzbel
Octavia, dama
Juana, criada
Teodora
Ludovico
San Miguel
Asmodeo
Fray Antolín
Fray Pedro
Fray Nicolás
Alberto, criado
Celio, criado
Un niño Jesús
Nuestra Señora
Tres pobres

Jornada primera

Baja Luzbel, en un dragón.

Luzbel
      ¡Ah, del oscuro reino del espanto,
      estancia del dolor, mansión del llanto,
      donde ya de otro daño sin recelo
      la desesperación es el consuelo!
      Abrid; y tú, de quien mi rabia fía
      de esa noble y eterna monarquía
      el gobierno en mi ausencia,
      ven a mi voz.

(Sale Asmodeo, por un escotillón.)

Asmodeo
        Ya estoy en tu presencia;
     pero, ¿qué te ha obligado
     a que me llames?

Luzbel
          ¿No lo has penetrado?

Asmodeo
     No, príncipe, si bien creo que es mucha
     la causa.

Luzbel
       La mayor.

Asmodeo
         Pues, dilo.

Luzbel
           Escucha.
     Sobre este helado vestigio
     en cuya forma triforme
     di espanto en su Apocalipsi
     al más venturoso joven,
     para saber los que el yugo

de mi imperio reconocen,
en término de dos días
he dado la vuelta al orbe
y, de diez partes, las nueve
por las justas permisiones
del Criador eterno yacen
a mi obediencia conformes.
Los bárbaros sacrificios
me ofrecen, y adoraciones,
en las mentidas estatuas
de barro, de hierro y bronce.
La morisma en su vil secta,
y también otras naciones
que en una verdad disfrazan
mil diferentes errores,
sin que a ninguna de tantas
sus distantes horizontes
la disculpe de que al Dios
que todo lo hizo ignore,
pues no hubo en toda la tierra
clima tan ignoto donde
no llegasen, explicadas
por alguno de los doce
discípulos las verdades
de los cuatro historiadores;
ni parte donde el cruzado
leño, ya en llano o ya en monte,
no quedara por testigo
de su pertinacia torpe.
Solamente algunas partes
de la Europa se me oponen,
adorando al Uno y Trino,
y al Verbo por Dios y Hombre;
pero, aunque en ellas hay muchos

jardines de religiones
cuya agradable fragrancia
de sus penitentes flores,
penetra el eternos alcázar
para que a Dios desenoje
de lo mucho que le ofenden
los mismos que le conocen.
Los que me dan más tormento
son —¡ah, mi rabia me ahogue!—
esos hijos —sin nombrarle
será fuerza que le nombre—
de aquél por menor más grande,
de aquél más rico por pobre,
de aquel retrato de Dios
humanado tan conforme
que, si en un pesebre Cristo
nació, Francisco, por orden
también divina, un pesebre
para oriente suyo escoge.
Si tuvo, como maestro,
doce discípulos, doce
fueron los que de Francisco
siguieron también el norte.
Si el uno murió suspenso
de un árbol, no hay quien ignore
que otro de los de Francisco
murió pendiente de un roble.
Si de Jesús el sagrado
culto, la lluvia de azotes
le transformó en laberintos
de sangrientos tornasoles,
de la sangre de Francisco
todas las habitaciones
que tuvo parecen jaspes

salpicadas de sus golpes.
Si a Cristo la infame turba
le tejieron de cambrones
impía y regia diadema
que le hierra y le corone,
Francisco, en robusta zarza,
solo en los paños menores
castigando pensamientos
inculpable por veloces,
revolcado entre sus puntas
logró la zarza verdores
de laurel que coronaron
penitencias tan feroces.
Si cinco puntas abrieron
en aquel árbol triforme
al cielo en su Autor divino
siempre abiertas para el hombre,
¿no fue su retrato en ella
Francisco, aunque yo lo llore,
sino original traslado,
pues en una unión acorde
de manos, pies y costado
con increíbles favores?
De Dios mereció Francisco
en una, cinco impresiones
de penetrantes heridas,
que al recibirlas entonces
la dicha de su contacto
le lisonjeó los dolores.
Hasta otro Tomás curioso
tuvo, que incrédulo toque
la herida de su costado,
a cuyo cruel informe
un éxtasis doloroso

le dejó a Francisco inmóvil;
de suerte que le juzgaron
por tránsito sus menores.
Los hijos pues de este humilde
portento de perfecciones,
con el fruto de su ejemplo
son mis contrarios mayores.
Que el Hacedor soberano
castigara oposiciones
de quien, siendo su criatura,
pretendió de Criador nombre.
Vaya, que aun no fue el castigo
a mi delito conforme,
y no solo no me ofende
pero me añade blasones;
que su sacrosanta madre
pusiera en mi cuello indócil
la planta, cuyo coturno
de serafines compone.
No me irritó; que si es reina,
por infinitas razones
de las nueve órdenes bellas
tronos y dominaciones,
puesto que perder no puedo
mi ser angélico noble.
Mi reina es y no me ultraja
que su pie a mi cerviz dome.
Solo tengo por injuria
que a tantas persecuciones
estos míseros descalzos
tantos vencimientos logren;
que el ser tan flacos contrarios
los que a mi poder se oponen
de mi altivez acrecientan

más las desesperaciones.
Ellos al cielo conducen
más almas que ese salobre
piélago produce arenas,
más que cuantas plumas torpes
de tantos heresiarcas
han conducido legiones
de espíritus al infierno.
Y no, Asmodeo, te asombre
que si este mal no se ataja.
Muy presto no ha de haber donde
los remendados mendigos
la bandera no enarbolen
de aquél que, por su valiente
humildad mereció el nombre
de gran alférez de Cristo;
Y que aquella silla goce
que perdí cuando intentaron
mis soberbias presunciones
fijarla en el solio trino
poniendo en arma su corte.
Para esta empresa te llamo.
No fácil te la propone
mi ciencia porque después
de la del celeste monte
a ninguna tan difícil
se arrojaron mis rencores;
porque la regla que guardan,
como sabes, estos hombres
es la apostólica vida,
y no por inspiraciones
solamente instituida
porque Dios mismo esta orden
dictó a boca que Francisco

fue su secretario entonces.
El cual le dijo, piadoso
para con sus posteriores:
«¿Quién, Señor, guardará regla
tan cruel que se compone
de veinte y cinco preceptos
sin glosa ni explicaciones
con pena de mortal culpa
siendo humano?» Y respondióle:
«Yo criaré quien la guarde,
Francisco, no te congojes.»
Mas no le dijo que todos
uniformemente acordes
la guardarían; que fueran
vanos nuestras pretensiones.
Parte a España, y en Toledo
que es hoy de sus poblaciones
la mayor, siembra impiedades
en los de mediano porte,
y en los gremios, que éstos son
los que a estos frailes socorren,
estorbando que en sus pechos
la devoción fuerzas cobre;
que son, en lo que aprenden
tenaces los españoles.
No en los ricos te embaraces;
que más que tus persuasiones
hará la ambición en ellos;
y, aunque vean dos mil pobres,
no harán reparo ninguno;
que, como nunca estos hombres
ven de la necesidad
la cara, no la conocen.
Esto en general, que en todas

las reglas hay excepciones.
Yo en esta ciudad de Luca
me quedo, donde disponen
mis cautelas que estos frailes
la conservación no logren
de un convento que han fundado,
haciendo en sus moradores
que las limosnas conviertan
en vergonzosos baldones;
que ya casi persuadidos
los tengo a que son mejores
limosnas las que se hacen
a quien con obligaciones
lo pasan míseramente
que a los que vienen con nombre
de religiosos mendigos,
sin que a la ciudad importe
entre los demás que tengo
para que mi engaño apoyen.
Hay aquí un rico avariento
con quien fuera el que supone
la parábola piadoso
y liberal, cuyo nombre
es Ludovico, y ya llega
de Florencia su consorte,
tan infeliz como hermosa
y cuerda, pues antepone
a su pasión la obediencia
del padre que, siendo noble,
con este ambicioso bruto
la casó por verse pobre.
Pero es devota de aquella
de todos los pecadores
abogada, que la libra

de estas imaginaciones.
Pero ya llega a su casa.
Parte a España, que aunque invoquen
en su ayuda estos mendigos
las divinas protecciones,
he de hacer que esta segunda
nave de la iglesia choque
en los escollos de impíos
y rebeldes corazones,
negándoles el sustento,
o que en los bajíos toque
de la natural flaqueza
con que, por lo menos, logre
que en su poca confianza
sin que el piloto lo estorbe,
zozobre, si no se pierde
o encalle, si no se rompe.

Asmodeo   Príncipe de las tinieblas,
a tus preceptos responde
obedeciendo Asmodeo.
Desde hoy estén a tu orden
los espíritus impuros
del español horizonte.
Presto verás los del tosco
sayal con fuerzas menores
si Dios mismo en favor suyo
su autoridad no interpone.

(Sube Asmodeo en el mismo dragón que bajó Luzbel.)

Luzbel   Estos frailes dejarán
desamparado el convento
por la falta de sustento

si hoy limosna no les dan;
    que con solo un pan ayer
que un pasajero les dio
todo el convento comió;
mas hoy no le han de tener;
    que aunque el Guardián ha salido,
viendo su necesidad,
a pedir por la ciudad
ninguno le ha socorrido.
    Mas ésta la casa es
de Ludovico, y por ella
va entrando su esposa bella;
pero llorará después
    el haberse reducido
de su padre a la obediencia;
que su amante, de Florencia
desesperado ha venido
    siguiéndola.

(Salen Ludovico, de camino, y criados, y por otra puerta Octavia y Juana.)

Ludovico   Conoció,
sin duda, las ansias mías
vuestro padre, pues dos días
la dicha me anticipó;
    aunque también he sentido
el que no me haya avisado
para que hubiera logrado
el haberos recibido
    con la ostentación forzosa
diez millas de la ciudad.

Octavia   No quiero más vanidad,
señor, que ser vuestra esposa;

18

y así no os quise obligar
a una fineza excusada.

Juana (Aparte.) (Es que ya viene informada
de lo que siente el gastar.)

Ludovico Muy bien habéis respondido.

Juana (Aparte.) (¡Qué presto se ha conformado!)

Octavia (Aparte.) (Horror el verle me ha dado
¡Qué desdichada he nacido!)

[Aparte las dos.]

Juana ¿Qué te parece?

Octavia No sé.
Déjame; que estoy sin vida.

Luzbel (Aparte.) (La mujer está afligida
pero bien tiene de qué
porque es el hombre peor
de todos cuantos encierra
el ámbulo de la tierra.)

Ludovico Tan ufano está mi amor
de poderos llamar mía
que aún viéndolo no lo creo.

Octavia Pues creed que mi deseo
no esperó ver este día.

(Sale un Criado.)

Criado

Un florentín caballero
que Feliciano se llama
te quiere hablar.

Ludovico

¿Feliciano
en Luca? Mucho me espanta.

(Aparte las dos.)

Juana

Él te ha venido siguiendo.

Octavia

Esto solo me faltaba.

Ludovico

Pues, ¿qué espera?

Criado

Tu licencia.

Ludovico

¿Quién es dueño de mi casa
y de mí pide licencia?

(Sale Feliciano.)

Feliciano

Prevención fuera excusada
el pedirle; pero supe
que ahora de llegar acaba
vuestra esposa, y mi visita
juzgué que os embarazara.

Ludovico

Señor Feliciano, fuera
de ser nuestra amistad tanta,
caballeros tan ilustres
honran siempre, no embarazan,
y yo pienso que es mi esposa

vuestra deuda.

Feliciano   Y muy cercana;
mas, como el padre la tuvo
de todos tan recatada,
nunca llegué a conocerla;
que hasta que la vi casada
siempre la tuve por otra.

Ludovico   Pues es cosa bien extraña.

Octavia   La condición de mi padre,
como sabéis, fue la causa.

Feliciano   Y vuestra mucha obediencia.
Gocéis, Ludovico, a Octavia
los años que yo deseo.

Juana (Aparte.)   (Pues moriráse mañana.)

Luzbel (Aparte.)   (Tú harás que la goce poco
si María no la ampara.)

Ludovico   ¿Y a qué ha sido la venida
a Luca? Que me alegrara
de que fuera muy despacio.

Feliciano   Amigo, Luca es mi patria
pero solamente vengo
a vender de mi mediana
hacienda lo que ha quedado
y salir luego de Italia
porque mi intento es servir
al gran César de Alemania

pues ya, de mis pretensiones
murieron las esperanzas.
De veinte años en Florencia
entré, donde pleitaba
de por vida un mayorazgo
con asistencia del alma.
Vióse el pleito sin citarme
y, aunque mi abogado estaba
presente, en él tenía
neciamente confianza.
Nada en mi defensa dijo
porque la parte contraria
selló con oro sus labios;
que con solo una palabra
en que el hecho consistía
vieran mi justicia clara,
en fin, perdí el pleito.

Ludovico   Amigo,
todo el oro lo contrasta.
No hay cosa que lo resista.

Luzbel (Aparte.)   (Yo he de hacer, cuando no caiga,
que tropiece en la sospecha.)

Feliciano   Que ésa es verdad asentada.
Se ha visto bien, Ludovico,
en voz y en mi prima Octavia,
pues por hombre poderoso
gozáis la fénix de Italia.

Ludovico   Decís bien.

Octavia   Aunque el ser vos

parte tan apasionada
me aseguren de que son
lisonjas vuestras palabras,
si en la intención no me ofenden,
en lo que suenan me agravian.
Yo me casé por poderes
sin ver, con quien me casaba.
Claro está que no gustosa
pero tampoco forzada;
que no tienen albedrío
mujeres nobles y honradas.
Pero, si yo fuera mía,
ni todo el oro de Arabia,
creed, señor Feliciano,
que a casarme me obligara
con Ludovico, y decirle
que fue su hacienda la causa
cuando fuera verdad, fuera
verdad poco cortesana.

Feliciano   Yo le he dicho lo que siento
con llaneza, en confianza
de la amistad.

Ludovico   Yo sintiera
que de otra suerte me hablaras.

([Luzbel], acercándose a Ludovico [le habla al oído].)

Luzbel   Mas de Octavia la respuesta,
si bien se mostró enojada,
parece que es disculparse.

Ludovico   (Sin duda que quiso Octavia

disculparse con su deudo
por ser su nobleza tanta
que se casó con un hombre
que en la sangre no la iguala
pues le dijo que, a ser suya,
conmigo no se casara.
Aunque también ser pudiera...
Pero es ilusión.)

(Salen el Guardián, y fray Antolín, que es lego.)

Guardián   Deo gratias.

Antolín   Por siempre, pues callan todos.

Ludovico   ¿Cómo se entran en mi casa
(Aparte.)   sin llamar? (Con estos frailes
                           tengo oposición extraña.)

Guardián   Abierta estaba la puerta.

Luzbel (Aparte.)   (Con éste no hago yo falta.
                           Voyme adonde más importe.)

(Vase [Luzbel].)

Juana   Buen lance ha echado mi ama.

Ludovico   Pues, ¿a qué entraron?

Guardián   Entramos...

Antolín (Aparte.)   (Por voto mío no entrara.)

Guardián   ...a darte el parabién...

Ludovico   Bueno.

Guardián   ...a ti y a tu esposa Octavia,
                  y a pedirle que hoy siquiera,
                  porque el sustento nos falta,
                  mandes que nos den limosna.

Ludovico   Hoy está muy ocupada
                  toda mi familia, padres.
                  Váyanse, que me embarazan.

Guardián   Pues en el día que tomas
                  posesión tan deseada
                  de ti, sobre ser tan rico
                  como el que más en Italia,
                  ¿no le darás a Dios algo
                  o en hacimiento de gracias,
                  o en albricias, cuando sabes
                  que nuestros hermanos pasan
                  necesidad tan extrema
                  que aún nos ha faltado el agua?

Ludovico   Yo he menester lo que tengo;
                  y si el sustento les falta,
                  ¿por qué la ciudad no dejan?

Guardián   No es tan poco la constancia
                  de los hijos de Francisco.
                  Dios volverá por su causa
                  moviendo los corazones
                  y serenando borrascas
                  que ha levantado el infierno

en ti y en toda tu patria.

Ludovico   Salgan de mi casa luego
o saldrán por las ventanas.
¡Viven los cielos!

Feliciano   Tenéos.

Antolín   Vámonos, padre.

Ludovico   ¿Qué aguardan?
Váyanse presto.

Juana   ¡Ay, señora!
¿Con éste has de vivir?

Octavia   Juana,
morir será lo más cierto
pues nací tan desdichada.

Ludovico   Trabajen para el sustento,
o esperen que se le traiga
el que instituyó la regla.

Guardián   El demonio por ti habla.

Antolín   No tal; que él no ha menester
al demonio para nada.

Ludovico   ¿Hay mayor atrevimiento?

Feliciano   Padres, por Dios, que se vayan.

Ludovico   Matad esos vagamundos.

Feliciano   ¿Qué decís?

Octavia   Esposo, basta.

Antolín   ¡Por mi padre San Francisco
                     que le ha de servir de vaina
                     el que llegue a este cuchillo!

Guardián   Hermano...

Antolín   Dios no me manda
                     que me deje matar.

Guardián   Vamos,
                     y tengamos confianza;
                     que Dios dijo a nuestro padre
                     que jamás a su sagrada
                     religión le faltaría
                     el sustento.

Antolín   Pues ya tarda,
                     padre mío.

Guardián   Tenga, hermano
                     Antolín, fe y esperanza.

Antolín   Fe y esperanza me sobran;
                     la caridad me hace falta.

(Vanse los dos.)

Ludovico   No volvieran al convento
                     si presentes no os hallarais

vos, por vida de mi esposa.

Juana   Éste no es cristiano.

Octavia   Calla.

Feliciano   En lástima se convierte
                 ya de mis celos la rabia.

(Sale un Criado.)

Criado   Ya las mesas están puestas
                 y los músicos aguardan.

Ludovico   Entrad, porque honréis mi mesa.

Feliciano (Aparte.)   (Por si puedo hablar a Octavia
                 lo acepto.) Yo soy quien puede
                 honrarse con merced tanta.
                 Vamos.

Octavia (Aparte.)   (Que se quede siento.)

Ludovico (Aparte.)   (No creí que lo aceptara.)

Octavia   (¡Ay, Feliciano! ¡Qué presto
                 de mí has tomado venganza!)

Vanse. Salen el Guardián, y fray Antolín con piedras en las manos.

Guardián   Deje las piedras.

Antolín   ¿Cómo que las deje?
                 Y si sale un criado de este hereje

28

tras nosotros, verá con la presteza
que un par de ellas le escondo en la cabeza.

Guardián

    La crueldad y la ira,
fray Antolín, de este hombre no me admira
en tan protervo como impío pecho.
Solo me admira el huracán deshecho
que el demonio en seis días solamente
ha levantado en la piadosa gente
que limosna nos daba;
que, en fin, aunque no mucha nos bastaba.

Antolín

    Padre Guardián, mientras que da el aviso
a nuestro general, será preciso
los cálices vender.

Guardián

        No querrá el cielo
que llegue a tan notable desconsuelo
nuestra necesidad.

Antolín

        ¡Qué gentil flema!
Pues, ¿a qué ha de llegar si ya es la extrema?
Mas estas piedras que convierta espero
en pan un cierto amigo tabernero
que hace su fe milagros cada día.

Guardián (Aparte.)   (Sin duda, con el hambre desvaría.)

Antolín

    Que hará pan de las piedras imagino
quien sabe convertir el agua en vino.

Guardián

    Aquí vive Teodora. Llame, hermano,
a su puerta.

(Llama y sale Luzbel.)

Luzbel (Aparte.)   (Esta vez llamará en vano.)

(Dentro como enfadada.)

Teodora   ¿Quién es?

Antolín   No tiene traza la Teodora
                        de dar nada.

Guardián   Dos frailes son, señora,
                        Franciscos.

(Sale Teodora [y habla Luzbel aparte a ella.])

Luzbel   Tienes hijos y estás pobre.

Teodora   Padres, pidan limosna a quien le sobre;
                        que yo tengo en mi casa
                        muchos que sustentar y es muy escasa
                        mi hacienda.

Guardián   Sí, será; mas ni un bocado
                        de pan en toda la ciudad me han dado.
                        Dánosle tú, por Dios, que en Él espero
                        que le pague.

Teodora   Mis hijos son primero.
                        Perdonen.

Antolín   La razón es concluyente.

Guardián   ¡Oh, lo que sabe la infernal serpiente!

Luzbel (Aparte.)   (De poco os admiráis; mas ya, inspirado
de mí, el gobernador viene irritado.
Hacia esta parte conducirle espero.)

Antolín   De la serpiente querellarme quiero.

Guardián   ¿A quién?

Antolín   A Dios; que es mucho atrevimiento
el hacer que nos quiten el sustento.
Las demás tentaciones,
silicios, disciplinas y oraciones
puedo vencer; pero no es para sufrida
tentación que nos quite la comida;
que el natural derecho es lo primero.
Ayer nos dejó un pan de pasajero
y antes que le soltara de las manos
todos a él nos fuimos como alanos;
y el buen hombre, asustado y afligido,
viéndose de los frailes embestido,
juzgó su muerte cierta;
y sacando los pies hacia la puerta
decía: «Yo no he hecho mal ninguno,
padres, ténganse allá. ¿Tantos a uno?».

Guardián   Padre, pues Dios lo permite,
que esto nos conviene crea.

Antolín   Yo lo creo en cuanto al alma;
pero una hambre tan fiera,
padre Guardián, mucho dudo
que a mi cuerpo le convenga.
Y si el demonio me embiste,

quien no come no pelea.

Guardián   Seráfico padre mío,
                            ¿qué es esto? En tan opulenta
                            ciudad, tan cristiana y noble,
                            ¿permitís vos que convierta
                            contra vos, en vuestros hijos,
                            del demonio la cautela
                            tantos blandos corazones
                            en duras rebeldes piedras?
                            Bárbara gente, mirad
                            que vuestros sentidos ciega
                            el enemigo de toda
                            la humana naturaleza.
                            Dad limosna a San Francisco;
                            que no hay empleo que tenga
                            tan segura la ganancia,
                            pues todo el cielo granjea.
                            Dadle a Dios algo; que el pobre
                            es su semejanza mesma.
                            No le cerréis, ciudadanos,
                            a la piedad las orejas.

Antolín   ¿Mas que en vez de pan volvemos,
                            padre, cargados de leña,
                            si no calla?

(Salen el Gobernador y criados, y Luzbel, detrás de él.)

Luzbel (Aparte.)   (No permitas
                            que ciudad que tú gobiernas
                            alboroten estos frailes
                            que ser humildes profesan.)

Gobernador   ¿Qué voces son éstas, padres?
                              ¿Por qué la ciudad alteran?

Guardián   Gobernador generoso,
                              doy voces porque nos niegan
                              la acostumbrada limosna
                              con que el perecer es fuerza;
                              que mi religión ni tiene
                              ni pueda tener hacienda.
                              Solo la piedad cristiana
                              es quien la ampara y sustenta;
                              pero está en segura finca
                              ya que ésta es la vez primera
                              que faltó a frailes franciscos,
                              ni en la villa más pequeña,
                              el sustento.

Luzbel (Aparte.)   (Si les falta
                              ¿por qué la ciudad no dejan?)

Gobernador   Pues si esta ciudad es, padre,
                              tan mala que solo en ella
                              les ha faltado el sustento,
                              el irse donde le tengan
                              será el más prudente medio
                              y el más fácil.

Guardián   Quien gobierna
                              tan ilustre y quien
                              la ley de Cristo profesa,
                              ¿eso responde? ¿Qué más
                              un alarbe respondiera?

Luzbel (Aparte.)   (¿Esto sufres?)

Gobernador   Pues, ¿conmigo
                           habla con tal desvergüenza?
                           Bastantes pobres tenemos
                           naturales de esta tierra
                           que ya trabajar no pueden
                           y es la obligación primera
                           de la ciudad sustentarlos,
                           y es limosna más acepta
                           que en ellos. Váyanse luego.
                           Quítense de mi presencia;
                           que, ¡vive Dios...!

Guardián   Los infieles
                           el pobre sayal respetan
                           de mi padre San Francisco;
                           y pues que tú le desprecias,
                           siendo cristiano, sin duda
                           mueve el demonio tu lengua.

Gobernador   No mueve sino la tuya
                           porque justamente pueda
                           castigar tu atrevimiento.
                           Pregonad luego que, pena
                           de perdimiento de bienes
                           nadie en la ciudad se atreva
                           a dar limosna a estos hombres.

(Vase [el Gobernador] y los criados.)

Antolín   Ella es gente tan perversa
                           que está de más pregonarlo.

Guardián   ¡Que tan bárbara fiereza

quepa en un pecho cristiano!
¡Qué más Diocleciano hiciera?

(Dentro.)

Gobernador   ¡Echadlos de aquí o matadlos!

Antolín   Buena la hemos hecho.

(Dentro.)

Voces   ¡Mueran!

Luzbel (Aparte.)   (No es eso lo que pretendo.)

Antolín   ¡Por Dios, que nos apedrean!
                    Huyamos, padre, al convento
                    pues que le tenemos cerca.

Guardián   Gente sin fe, deteneos.

Antolín   Corra; que en la diligencia
                    consiste en salvar las vidas.

(Dentro.)

Voces   ¡Mueran estos frailes, mueran!

Antolín   Aprisa, padre.

Guardián   Dios mío,
                    ¿qué persecución es ésta?

(Vanse los dos.)

Luzbel   Logré, a pesar de Francisco,
                          mi intento. Ya será fuerza
                          que el convento desamparen.
                          Pero, ¿qué resplandor ciega
                          mi vista?

(Aparecen el Niño Jesús, cubierto el rostro con un velo, y San Miguel.)

San Miguel   Infernal serpiente,
                          yo humillaré tu soberbia.

Luzbel   ¿Miguel?

San Miguel   ¿Cómo imaginaste,
                          no ignorando la promesa
                          que hizo el Criador a Francisco,
                          quitarle el sustento puedan
                          de tu envidia los engaños?

Luzbel   Ninguno, con más certeza
                          que yo, sabe que no puede
                          faltar su palabra inmensa;
                          mas faltar su confianza
                          puede, y ya su gran fineza,
                          que ya, si aún no les falta,
                          indecisa titubea;
                          pero mi triunfo no estriba
                          en que estos hombres no tengan
                          el alimento preciso
                          sino en los que se le niegan.

San Miguel   Pues tú mismo lo que has hecho
                          deshaz, para que obedezca

Ludovico la ley santa.

Luzbel

¿Yo contra mí mesmo? ¡Pesia
mi desdicha!

San Miguel

Y fabricar
otro convento en que tenga,
a pesar tuyo, Francisco
más hijos de su obediencia.

Luzbel

Pues yo, ¿cómo?

San Miguel

No repliques.
Lo mismo has de hacer que hiciera
Francisco. Ve a su convento,
y a sus frailes con prudencia,
el querer desampararle
reprehende, y por tu cuenta
corre desde hoy su alimento,
y ha de ser para que puedan
sustentar algunos pobres,
como lo manda la regla
que Dios dictó. Parte luego,
y hasta tener orden nueva,
lo que te mando ejecuta
sin que en nada retrocedas
porque otra vez a Francisco
en sus frailes no te atrevas.

(Va subiendo la apariencia poco a poco mientras Luzbel dice estos versos.)

Luzbel

Preciso es; mas permitidme
que de tan cruel sentencia
mis sentimientos apelen

al alivio de la queja.
Vos, ¿no le disteis al hombre
porque a lo mejor atienda,
dejando aparte los cinco
sentidos, las tres potencias?
¿A la voluntad no basta
su entendimiento por rienda?
También al entendimiento,
¿su memoria no le acuerda
la brevedad de la vida,
que hay muerte, que hay gloria y pena?
Si esto no basta, ¿no tiene
celestial inteligencia
que le auxilia por instantes?
Bien ventajoso pelea
que yo no tengo más armas
que su natural flaqueza.
Si éstas vuestra soberana,
absoluta omnipotencia
no solamente me quita
tantas veces que use de ellas,
sino hoy me manda que yo
contra mí mismo las vuelva,
¿para qué son permisiones?
Sálvense todos, no tenga
el hombre voluntad propia.
Solo se cumpla la vuestra;
pero, ¿para qué me canso
si el ejecutarlo es fuerza?
Porque, a mi pesar, los hombres
a obedeceros aprendan.

(A un tiempo se cubre la apariencia, vase Luzbel, y salen el Guardián, fray Antolín, fray Pedro, y fray Nicolás.)

Antolín

    A tanto extremo ha llegado.

Guardián

    Padre, ¿eso ha sucedido?

Antolín

    Milagro patente ha sido
el haber vivos llegado.

Nicolás

    Jamás en tan grande aprieto
convento nuestro se vio.

Guardián

    Limosna tal vez faltó
mas perderles el respeto
  con extremo semejante,
tan a cara descubierta,
no se ha visto.

Antolín

             Hasta la puerta
llegó el escuadrón volante
  de muchachos, disparando
piedras, y uno dijo: «Ésta
vaya del lego a la testa».
Pero no se fue alabando
  el mancebo, ¡voto a tal!,
del intento aunque fue vano;
que yo llevaba en la mano
como un puño un pedernal,
  y a darle las gracias fue.

Guardián

    Pero, ¿le hizo algún mal?

Antolín

                  No.
Las narices le aplastó.

Guardián
    ¿Qué dice, hermano?

Antolín
                       Sí, a fe.

Guardián
    Pero, ¿le hizo sangre?

Antolín
                   Risa
me da; pues, ¿no era forzoso?

Guardián
    ¡Jesús! ¡Sangre en un religioso!

Antolín
    A bien que no soy de misa.

Pedro
    Padre Guardián, ya nos vemos
con tan gran necesidad
que salir de esta ciudad
luego es fuerza. No esperemos
    a que después no podamos.

Nicolás
    El esperar a mañana,
padre, es esperanza vana,
y de la suerte que estamos,
    otro día más pudiera
con las vidas acabar.

Guardián
    A poderlo remediar
con la mía, la perdiera
    gustoso en esta ocasión
por lo que se ha decir
y porque lo ha de sentir
toda nuestra religión.

Antolín
    Solo por la fe la vida,
padre, se debe perder;

mas morir de no comer
es necedad conocida.
    Que al derecho natural
ningún precepto prefiere;
y el primero que yo viere
con pan, por bien o por mal,
    conmigo habrá de partir
aunque un obispo le traiga.
Y si no, caiga el que caiga.

Guardián   ¿Eso un fraile ha de decir?

Antolín   Y lo haré.

Nicolás   Padre Guardián,
nuestro padre San Francisco
manda que, si no quisieren
en algún pueblo admitirnos,
pasemos donde seamos
con caridad recibidos;
sin que prevenir pudiera
que donde la ley de Cristo
profesan nos maltrataran,
ni que hubiera tan impío
Gobernador que mandara,
pena de bienes perdidos,
que nadie nos dé limosna.

Guardián   Padres, ya estoy convencido.
En su custodia llevemos
el Sacramento Divino
descubierto hasta salir
de la ciudad, que no fío
de esta gente. Las reliquias

llevar también es preciso
repartidas entre todos.

Antolín   Y el hermano jumentillo
las casullas y ornamentos
llevará si es que está vivo
porque ayer le hallé comiendo
de su refectorio mismo
la mesa.

Guardián   Vamos.

(Sale Luzbel, vestido de fraile.)

Luzbel   Deo gratias,
(Aparte.)   hermanos. (¡Fiero castigo!)

Guardián   ¡Válgame Dios! ¿Quién es, padre?
Que de verle aquí me admiro.

Antolín   ¿Por dónde ha entrado este fraile?

Nicolás   Por la puerta no ha podido
que yo la cerré.

Luzbel   No hay puerta
cerrada al poder divino.
Él es quien, sin que pudiera
excusarme, me ha traído
desde tan ignoto clima,
que el puesto donde yo asisto
en mi vocación constante,
el Sol, general registro
o le perdonó por pobre

o dejó por escondido.

Guardián   Dígame, ¿qué nombre tiene?

Luzbel   Mi nombre es y mi apellido
fray Obediencia Forzado,
de antes Querub...

Antolín   Vizcaíno
debe de ser el tal fraile.

Guardián   Parece varón divino.

Antolín   Bien su palidez lo muestra.

Luzbel   Pues jamás tan encendido
tuve el espíritu.

Guardián   Padre,
díganos pues a qué vino;
que nos tienen recelosos
sus palabras y el prodigio
de entrar cerradas las puertas.
(Aparte.)   (Algún engaño imagino
de nuestro común contrario.
¡Temblando estoy!)

Antolín   Yo apercibo
hisopo y agua bendita
por si acaso es el maligno.

Luzbel   No temen, y esténme atentos.
Orden traigo de Dios mismo
a boca de reprehenderles

la poca fe que han tenido
los que siguen la bandera
del gran alférez de Cristo.
¿La plaza que les entrega
desamparan fugitivos?
No ha dos días naturales
que puso en contrario el sitio.
¿Cómo desmaya tan presto
de vuestra esperanza el brío?
Los que debieran ser rocas,
de corazones impíos
a los embates, ¿qué oponen,
siendo culpa lo indeciso,
a riesgos amenazados,
temores ejecutivos?
Sabiendo que a nuestro padre
prometió Dios que a sus hijos
no faltaría el sustento,
¿incurren en un delito
tan grande como el pensar
que pueda lo que Dios dijo

(Aparte.)   faltar? (¡Que yo tal pronuncie!)
(Aparte.)   Crean... (¡Volcanes respiro!)
...que cuando de todo el orbe
cerraran a un tiempo mismo
los vivientes racionales
a la piedad los oídos,
los ángeles les trajeran
el sustento prometido
de su Criador, o el demonio
porque fuese más prodigio.

Antolín   Con el fervor echa llama
por los ojos.

Guardián   Padre mío,
bien se ve que es enviado
de Dios, pues tanto han podido
sus palabras que mil vidas
diera primero a los filos
de la hambre, que dejar
de mi padre San Francisco
la casa.

Pedro   No habrá ninguno
de sus verdaderos hijos
que no dé por Dios la vida.

Nicolás   Y estarán todos corridos,
padre, de haber intentado
volver al espalda al peligro.

Luzbel   (Lo que fue natural miedo
en mérito han convertido.
¡Qué presto a lo mejor vuelven
los que de Dios asistidos
están!)

Antolín   Padre, ésta es pregunta.
Estándome yo quedito,
sin buscar algo que coma,
¿será padecer martirio
por Dios el morir de hambre?

Luzbel   Juzgo que no; mas le afirmo
que coma muy presto.

Antolín   Luego,

fuera mejor, padre mío;
que ya se cierra el gaznate.

Luzbel   Hermanos, con sacrificios
satisfagan la amorosa
queja del Autor Divino.
De su alimento me encargo
desde luego haciendo oficio
de limosnero.

Antolín   ¿Limosnas
en esta ciudad? Me río.

Luzbel   Presto saldrá de este engaño;
que el hermano ha de ir conmigo.

Antolín   Yo no me atrevo.

Luzbel   No tema,
fray Antolín.

Antolín   ¿Quien le dijo
mi nombre?

Luzbel   Yo le conozco.
Padre Guardián. No dé indicio
de temor. Abra esas puertas.

Guardián (Aparte.)   (Éste es ángel. No replico.)

Antolín   Alguna sarna se cura
el padre; que el olorcillo
es de azufre.

Guardián (Aparte.)   (Mas ya el cielo
                          me da de quién es aviso.
                          ¡Válgame Dios!)

Luzbel   A los frailes
                          anime; que están rendidos.

Guardián (Aparte.)   (Encubrir este portento
                          por los frailes es preciso.)

Luzbel   Váyanse al coro y no teman;
                          que mientras yo les asisto,
                          seguro estará de lobos
                          este redil de Francisco.

Guardián (Aparte.)   (Sí, pues ya Dios en triaca
                          el veneno ha convertido.)

(Vanse el Guardián, fray Pedro y fray Nicolás, y quedan solos fray Antolín y
Luzbel.)

Luzbel   Tome las arguenas, padre,
                          porque traiga lo preciso
                          esta noche; que mañana
                          se llevará el jumentillo.

Antolín   Yo creo que volveremos
                          al convento con lo mismo
                          que llevamos.

Luzbel   Tan cargado
                          ha de volver, sin pedirlo,
                          que ha de llegar al convento
                          muy cansado.

Antolín   Y aun molido
si me encuentran los muchachos.

Luzbel   No tema, pues va conmigo;
que mientras les asistiere
no hay que recelar peligros.

Antolín   Pues, ¿por qué?

Luzbel   Porque ya tiene
su mayor contrario amigo.

Fin de la primera jornada

Jornada segunda

(Salen el Guardián, fray Pedro, y fray Nicolás.)

Pedro

Él es varón prodigioso,
padre Guardián. Sus portentos
el ser humano desmienten.

Guardián

De muchos santos leemos,
padre, portentos tan grandes
y eran humanos.

Nicolás

Es cierto,
y que podía Dios en éste
obrar lo que en aquellos
y más, si fuere servido.

Pedro

Claro está; pero no es eso
lo que nos tiene confusos
sino ignorar en qué reino
o en qué provincia este santo
tomó el hábito; porque esto
ni él ha querido decirlo
ni hemos podido saberlo
con que juzgo que no es fraile.

Guardián (Aparte.)

(Ni aun quisiera parecerlo.)

Nicolás

Yo he pensado que es Elías
porque manda con imperio
notable y con aspereza.

Guardián (Aparte.)

(No asistiera en tan ameno
país.)

Pedro   Yo creo que es ángel.

Guardián (Aparte.)   (Puede ser, pero no bueno.)

Pedro   Porque sufrir cada día
                                   un trabajo tan inmenso
                                   como andar la ciudad toda
                                   y asistir en el convento,
                                   que labra con tanta priesa,
                                   trabajando y disponiendo
                                   y hallarse presente en casa
                                   cuando importa, siendo cuerpo
                                   humano, fuera imposible
                                   sin que tal vez por lo menos
                                   el cansancio le rindiera.

Guardián   Solo asegurarle puedo,
                                   padre, que Dios le ha enviado;
                                   no examinemos sus misterios.
                                   A fray Forzado obedezcan
                                   en todo, pues cuanto ha hecho
                                   y cuanto ha mandado es justo;
                                   que yo también le obedezco
                                   y soy su guardián.

(Sale fray Antolín.)

Antolín   No hay parte
                                   segura de este hechicero.
                                   Dos gazapos me ha sacado
                                   que escondí en un agujero
                                   con una vara de hondo.
                                   Por mi mal vino al convento.

Él ha dado en perseguirme.

Guardián   Fray Antolín, pues, ¿tan presto
se vuelve a casa?

Antolín   Sí, padre,
que dos veces el jumento
y yo venimos cargados
y es fuerza volverme luego;
que quedan muchas limosnas
por traer.

Guardián   Gracias al cielo.
¿Dónde queda fray Forzado?

Antolín   No sé; que solo le veo
cuando él quiere que le vea.
En la obra del convento
que labra está todo el día;
pero no deja por eso
de entrar en más de mil casas.
Él camina más que el viento
y trabaja por cien hombres.
En la fábrica un madero
no le pudieron subir
veinte hombres. Llegó a este tiempo
y asiéndolo por el cabo
a no agacharse tan presto
los que arriba le esperaban
los birla y vienen al suelo.

Guardián   Ésa, bien se ve que es fuerza
sobrenatural.

Antolín

A tiempos
está que parece un ángel
y otras veces en el cielo
pone los ojos y brama
como un toro, y yo sospecho
que, aunque él disimula, tiene
muchos males encubiertos,
y sin duda que son llagas;
que huele muy mal el siervo
de Dios.

Guardián

Calle; que ya viene.

(Sale Luzbel.)

Luzbel

Deo gratias.

Guardián

En la tierra y cielo
se las den ángeles y hombres.

Antolín

Temor me causa y respeto.

Pedro

Y a todos.

Guardián

Sea bien venido
su caridad.

Luzbel

Vaya luego
fray Antolín a la casa
de don César que allá dejo
seis aves y unas conservas.
Tráigalas y al enfermero
las entregue.

Antolín

                    Voy volando.
Venga conmigo, fray Pedro.

(Vanse.)

Guardián

          ¿En qué estado tiene, padre,
fray Obediencia, el convento
que labra?

Luzbel

                  Ya está acabado.

Guardián

          ¿De todo punto?

Luzbel

                    El blanqueo
le falta.

Guardián

            Que me ha admirado
la brevedad le confieso.

Luzbel

          Pues habiendo cinco meses
que se abrieron los cimientos,
me han parecido cien años.
Más de mi parte no he puesto
sino el hallarme presente
a todos, buscar dinero
y trazar la arquitectura;
pero, si el Autor Eterno
me lo hubiera permitido,
en cinco días y en menos
hiciera más que cien hombres
en cinco meses han hecho.

Guardián (Aparte.)

     (No darme por entendido
será mejor.) ¡Bien lo creo!

              Pero Dios no hace milagros
              sin necesidad de hacerlos.

Luzbel   El milagro yo le hiciera;
              que bastante poder tengo
              si Dios no me lo coartara.

Guardián   Ya de quién es estoy cierto;
              no ha menester explicarse.

Luzbel   No lo ignoro.

Guardián   Y de que es menos
              su poder que el de mi padre
              San Francisco.

Luzbel   El valimiento,
              padre Guardián, que su padre
              tiene con el Rey Eterno,
              es su poder, y que es grande
              por esa parte confieso;
              mas no es poder el poder
              que necesita del ruego.

Guardián   Pues, ¿qué poder no procede
              del de Dios?

Luzbel   No argumentemos.
              Tenga humildad; que conmigo
              el que sabe más es lego.

Guardián   Eso nunca lo he dudado;
              mas no pudo, por lo menos,
              con cuanto puede y alcanza,

lograr su mayor deseo.

Luzbel

¿No? Pues diga, padre, ¿en mí
qué castiga Dios?

Guardián

Su intento.

Luzbel

Él es muy buen religioso,
padre Guardián, pero necio.
Cuando yo llegué, ¿no estaban
cobardemente resueltos
a dejar él y sus frailes
desamparado el convento?
Luego de parte suya
logré mi intención, supuesto
que, por mirarlos vencidos,
se puso el Criador en medio.
Déle gracias del prodigio
que mira; pero creyendo
que, a ser su constancia más,
fuera mi castigo menos.

Guardián (Aparte.)

(Muy bien me ha mortificado.)

Luzbel

Es preciso hacer lo mesmo
que, vivo, hiciera Francisco.
Mire si pesar tan fiero
será mortificación
mayor, sobre el vituperio
de que el sayal de Francisco
me disfrace, aunque supuesto.

Guardián

Nunca se vio tan honrado
desde que cayó del cielo.

Luzbel   La memoria le ha faltado
                          con el desvanecimiento
                          que le ha dado, pues se olvida
                          de que su origen primero
                          procede de polvo o barro.

Guardián   No me olvido. Bien me acuerdo
                          de que Dios al primer hombre
                          de aquel barro damasceno
                          hizo con sus propias manos;
                          y el ángel le costó menos
                          cuidado, pues con un fiat...

Luzbel   Esa materia dejemos
                          que ni es de aquí ni él la sabe;
                          además de que no tengo
                          permisión de responderle.
                          ¿Cuándo quiere que empecemos,
                          padre, la fundación nueva?

Guardián   Si le parece, sea luego.

Luzbel   A mí me importa. ¿Qué frailes
                          la han de empezar?

Guardián   Yo no puedo
                          nombrarlos. A cargo suyo
                          está elegir los sujetos
                          y el número. Por mi cuenta
                          corre solo el cumplimiento
                          de todo lo que ordenare.

Luzbel   ¡Qué falso está! Pero el tiempo

llegará presto en que pase
otra vez de extremo a extremo.

Guardián   Dios querrá que tus astucias
nos den más merecimientos.

Luzbel   Si Dios lo ha de hacer, no dudo
que será fácil; mas ellos
ya sé yo cómo pelean.

Guardián   Que soy de barro confieso.

Luzbel   Mire que ya sus ovejas
entran a pacer, y pienso
que al pastor esperan. Vaya,
y cuide de que, en comiendo,
no se esparzan porque puede
perderse alguna.

Guardián   Yo creo
que es ociosa diligencia;
mas él las guarde si hay riesgo,
pues Dios le ha traído a ser
de sus ovejas el perro.

(Vase.)

Luzbel   Fuerza será, pues rabiando
morder a ninguna puedo;
mas de otra suerte algún día
yo y el pastor nos veremos.

(Vase. Salen Feliciano y Juana.)

Feliciano   ¿Salió Ludovico ya?

Juana   Sí, mas te cansas en vano;
                               que a no verte, Feliciano,
                               resuelta mi ama está.

Feliciano   ¡Tanto rigor!

Juana   No es rigor;
                               que antes me ha dado a entender...

Feliciano   ¿Qué?

Juana   ...que el no quererte ver
                               nace de tenerte amor;
                                  que es virtuosa y honrada
                               y dice que aun el más leve
                               pensamiento excusar debe
                               pues ya, en fin, está casada.
                                  Su padre anduvo cruel.

Feliciano   Al fin ella fue vencida.

Juana   ¡Y mire a quién! Mejor vida
                               pasáramos en Argel.
                                  No se ha visto hombre tan fiero
                               si algún pobre se le llega,
                               y más mientras más le ruega.
                               Solo un fraile limosnera
                                  de San Francisco porfía
                               y le trae desesperado.
                               Ni una limosna le ha dado
                               pero él viene cada día
                                  y le ha querido matar;

pero solo con que el santo
le mire, le pone espanto
y no se atreve a llegar.
        A un pobre ayer un criado
un poco de pan le dio,
y al punto le despidió
después de muy mal tratado.
        Mi señora no ha tenido
moneda de plata o cobre
con que dar limosna a un pobre
ni él lo hubiera consentido.
        De esto está tan afligida
mi ama y con tal temor
que el verle la causa horror.

Feliciano   Juana, aunque doy por perdido
                     mi esperanza, le ha de hablar
esta vez, quiera o no quiera;
pero será la postrera.

Juana   Pues si lo quieres lograr,
                     a esa cuadra te retira;
que sale y se ha de volver
luego que te llegue a ver.

Feliciano   Bien dices.

(Éntrase.)

Octavia   ¡Qué mal lo mira
                     el padre que, solamente
en su codicia fundado,
a su hija la da estado!
Que la mujer más prudente,

si a su esposo aborreciendo
está y a otro tiene amor,
bien podrá guardar su honor
pero vivirá muriendo.
    ¡Juana!

Juana   ¿Que siempre has de estar
hablando contigo?

Octavia   Sí.

Juana   Feliciano ha estado aquí.

Octavia   No le vuelvas a nombrar,
si algún gusto quieres darme,
mientras yo presente esté.

Juana   De aquí adelante lo haré.

(Sale Feliciano.)

Feliciano   ¿Qué? ¿Ya te ofende el nombrarme?

Octavia   Sí, Feliciano, y el verte
mucho más. Vete al instante
o iréme yo.

Feliciano   Tente.

Octavia   Suelta.

Feliciano   Vive Dios, que has de escucharme
sola esta vez; que en mi vida
volveré a verte ni hablarte.

Octavia   Di pues, y verás que en ti
                 no hay razón para culparme.

Feliciano   Pues, ¿cómo negarme puedes
                 que más de un mes me ocultaste
                 el intento, que sabías
                 de tu interesado padre?
                 Si amenazas ni violencias
                 fueran disculpa bastante,
                 aun eso no tienes, puesto
                 que no intentó violentarte.
                 ¿Qué disculpa tener puede
                 una mujer de tu sangre
                 de haber rompido palabra
                 que tantas veces firmaste?
                 No solo no replicaron
                 tus labios ni tu semblante,
                 mas fue menester mentir
                 para que te desposasen,
                 pues dijiste que jamás
                 palabra le diste a nadie;
                 y en este papel postrero
                 que eras mía confesaste.
                 Certificaciones tuyas
                 son éstas con que pagaste
                 diez años que, en guerra vida
                 de amor, seguí tu estandarte,
                 haciendo mi fe la posta,
                 todo este tiempo constante,
                 las noches en tus ventanas,
                 los días en tus umbrales.
                 Mujeres tan nobles...

Octavia   Tente;
                que, aunque a mi decoro falte,
                has de saber que tú fuiste
                la causa de mis pesares.
                Algunas sospechas tuve
                de que intentaba sacarme
                mi padre, mas no certezas
                de que pudiese avisarte;
                pero mi padre mismo,
                como a primo de mi madre,
                te dio parte de mi empleo
                y en él presente te hallaste.
                ¿Por qué dices que aquel día
                se vio el pleito sin citarte?
                ¿Ni que le perdiste, puesto
                que no quisiste ganarle?
                ¿Para qué con tantos ruegos,
                si no habían de importarte,
                me pediste, Feliciano,
                que mis papeles firmase?
                ¿No te escribí ese papel
                postrero tres días antes
                de aquel infelice día?
                Pues si tú estabas delante,
                y era sobrado instrumento
                para que lo embarazases
                pues digo en él que soy tuya,
                ¿por qué no lo presentaste?
                Primero que el sí le diera
                de mi desdicha a mi padre
                delante de tanta gente
                dije, volviendo a mirarte:
                «Ya llegó el lance forzoso.»
                ¿Por qué entonces no llegaste?

                                ¿Fuera justo, Feliciano,
                                callando tú, que yo hablase?
                                ¿Qué importó que me sirvieras,
                                hecho estatua de mi calle,
                                soldado de Amor diez años,
                                si en la ocasión me faltaste?
(Quítale el papel.)   Este papel dice —¡suelta!—:
                                «No hay de qué sobresaltarte;
                                que esposa tuya es Octavia.»
                                ¿Quién es quien puede quejarse?
                                A voluntad tuya puse
                                el plazo. ¿Quién fuera parte,
                                confesando yo ser mío,
                                para dejar de cobrarle?
                                Yo hice, en fin, Feliciano
                                cuanto pude de mi parte.
                                Arbitrio en tu pleito fuiste;
                                contra mí le sentenciaste.
                                Por ti padezco la pena
                                de cautiverio tan grande
                                y pesado que mi vida
                                será el precio del rescate
                                y, puesto que la ofendida
                                soy, y tú quien te vengaste,
                                vete, y no vuelvas a verme;
(Rasga el papel.)   porque si en estos umbrales
                                pones las plantas, haré,
                                ¡vive el cielo! que te mate
                                Ludovico, a quien tú propio
                                me vendiste, no mi padre
                                puesto que los dos fuimos,
                                yo infeliz y tú cobarde.

(Vase. [Ludovico está] al paño.)

Ludovico   ¿Qué escucho? ¡Válgame el cielo!

Feliciano   ¿Que a tu decoro mirase
                      entonces culpas, Octavia?

Juana   ¡Gentil disculpa! ¿Pensaste
                      que era pleito de revista?

Feliciano   ¡Sin mí estoy!

Juana   Vete; que es tarde
                      y vendrá su esposo.

(Dentro.)

Ludovico   ¡Hola!

Juana   Mejor será que te halle
                      solo. Adiós.

(Vase.)

Feliciano   Vete; que yo
                      tengo disculpa bastante.

(Sale Ludovico.)

Ludovico (Aparte.)   (¡Loco estoy! «Que los dos fuimos,
                      yo infeliz y tú cobarde.»)

Feliciano   ¿Ludovico?

Ludovico   ¿Feliciano?

Feliciano   A veros en este instante
entré; mas ya me volvía.

Ludovico   Ved si tenéis qué mandarme.

Feliciano   La hacienda mía de campo
quisiera que vos compraseis;
pero esto se ha de tratar
muy despacio y ahora es tarde.

Ludovico   Yo iré a buscaros.

Feliciano   Adiós.

Vase.

Ludovico   Vuestra vida el cielo guarde.
(Aparte.)   (Para que yo te la quite.)
Pero mi peligro es grande
porque son muchos sus deudos,
y son los más principales
de la ciudad, con que es fuerza
cuando con la vida escape,
el perder toda mi hacienda.
Y si él primero fue amante
de Octavia, y es ella el pleito
que perdió, no es tan culpable
en Feliciano mi ofensa.
Este papel, al entrarse,
Octavia rompió. ¡Qué ciego
es amor! Pero el juntarle
para que leerle pueda
sin mucho espacio no es fácil.

Letra es de mujer. Sin duda
es de Octavia. En esta parte
dice: «Feliciano mío».
¡Respirando estoy volcanes!
Ya declinó mi fortuna.
En éste dice: «asustarte».
En ésta: «Tuya es Octavia».
Primero verás, infame,
tu muerte, ¡viven los cielos!

(Vuelve a arrojar los pedazos. [Está Juana] al paño.)

Juana   ¿Que los pedazos dejase?
Mas no ha reparado en ellos;
no sé cómo los levante.

(Sale Juana.)

Ludovico   ¿Qué quieres?

Juana   Ando buscando
pedazos de papel.

Ludovico (Aparte.)   (Tarde
lo previno.) ¿Para qué?

Juana   Estoy con un mal de madre
y el humo de los papeles
me le quita.

Ludovico   No es tan fácil
para tu mal el remedio.

Juana   Éste no es mal; que es achaque.

Ludovico   Así lo entiendo. ¿Qué esperas?
                            Vete de aquí.

Juana   Que me place.
(Aparte.)   (¡Jesús, qué cara! Del mundo
                            me fuera por no mirarle.)

(Vase.)

Ludovico   No me toca a mí matar
                            a Feliciano en rigor.
                            A Octavia entregué mi honor
                            y de ella le he de cobrar
                            primero que a ejecutar
                            llegue su vil hermosura
                            mi afrenta, porque es locura
                            el creer que, enamorada
                            y a su disgusto casada,
                            puede haber mujer segura.

                            Mis manos en su garganta
                            podrán impedir que acudan
                            a sus voces las criadas,
                            y ahogada... Pero ya culpa
                            mi cólera la tardanza.

(Al irse, sale Luzbel por la misma puerta y le detiene.)

Luzbel   Dale a San Francisco alguna
(Aparte.)   limosna. (¡Que yo impidiera
                            de Octavia la muerte injusta!
                            Mas Dios lo manda.)

Ludovico   No sé
                  cómo no temes mi furia,
                  fraile, fantasma o demonio.
                  Sin duda tu muerte buscas.
                  ¿Qué me persigues si sabes
                  ya, por experiencias muchas,
                  que en mí no ha de hallar limosna
                  tu religión ni ninguna?
                  ¿Qué me quieres?

Luzbel   Reducirte;
                  que la Omnipotencia suma
                  me lo manda y es forzoso
                  que con sus órdenes cumpla.
                  Y puesto que le obedece
                  quien de los filos y puntas
                  de la invencible guadaña
                  no puede temer la furia,
                  obedece tú. No esperes
                  que el término de tus culpas
                  llegue; que está ya muy cerca.
                  Dale, Ludovico, alguna
                  parte a Dios de las riquezas
                  que en esas arcas ocultas
                  para que por ese medio
                  puedas aplacar su justa
                  indignación, y piadoso
                  sus auxilios te reduzcan
                  a restituir.

Ludovico   Detente.
                  Que me admiro de que sufra,
                  ¡viven los cielos!, mi rabia
                  tus descompuestas locuras.

¿Yo limosna? Vete luego;
que mi hacienda, poca o mucha,
mi fortuna me la ha dado.

Luzbel   Ludovico, no hay fortuna
ni es la que tu hacienda llamas
absolutamente tuya.
Y no solo la adquirida
con viles cambios y usuras
oro es toda de quien la goza,
sino la del que madruga
para el trabajo a la aurora
comiendo de lo que suda.
Todos los que en esos campos,
tal vez con piadosa lluvia,
de la tierra, común madre,
rompen las entrañas duras,
y en sus senos animosos
por depósito sepultan
del antecedente agosto
la rica mies grana y rubia,
después de muchos afanes
y esperanzas mal seguras,
como a dueño de la tierra,
su diezmo a Dios le tributan.
Y él lo entrega a sus ministros
con orden de que consuman
en sí solo lo que basta,
conforme el puesto que ocupan.
Y como sus mayordomos
en los pobres distribuyan
lo demás, que Dios en ellos
todas sus rentas vincula.
Cuantos adquieren riquezas

con lo que al pobre le usurpan,
no verán de Dios la cara
si no es que la restituyan
como les fuere posible.
Y esto ninguno lo duda
pues: ¿Cómo tú de la hacienda
dueño absoluto te juzgas
siendo corneja vestida
de tantas ajenas plumas?
Imprudente almendro, advierte
que según mis conjeturas
será de infinitas plantas
escarmiento tu locura.

Ludovico   En tu vida he de vengar,
               hipócrita, mis injurias.

Luzbel   No te muevas, que no sabes
               quién soy. Atento me escucha.
               Mira que en ti solamente
               no hay resquicio ni disculpa
               porque el común enemigo
               de todos tu bien procura,
               no solo por oprimido,
               mas también porque, sin duda,
               le ha de quitar muchas almas
               el ejemplo de la tuya.
               Goza ocasión tan dichosa.
               Ni tus potencias perturba
               ningún espíritu impuro
               ni tus sentidos ofusca.
               Justicia y misericordia
               tu arrepentimiento, ayuda.
               Mira que de su justicia

la divina espada empuña,
y que su inmensa paciencia,
que es la vaina que la oculta,
se ha cansado ya. ¿Qué aguardas?
Mira que ya la desnuda.
Mira que el brazo levanta.
Mira que el golpe ejecuta.

Ludovico   Ya me arrepiento.

Luzbel (Aparte.)   (¡Oh, pese
al infierno!) Pues, ¿qué dudas?
La caridad es la puerta
del perdón. Por ella busca
la entrada. Dame limosna.

Ludovico   Eso no.

Luzbel   ¡Vil criatura,
peor que Luzbel te juzgo!
Pues si él pudiera, sin duda
fuera su arrepentimiento
tan grande como su culpa,
y tú, pudiendo, no quieres.

Ludovico   Pues esta vez, aunque huyas
te he de matar.

Luzbel   No te acerques
porque haré que se reduzca
tu forma a menos que a tierra;
que aun eso no has de ser nunca.

Ludovico   ¡Hola, Alberto, Celio! Este hombre

me atemoriza y asusta.

(Salen Alberto, Celio, Octavia y Juana.)

Celio   Señor, ¿qué mandas?

Octavia   ¿Qué es esto?

Alberto   ¿Por qué das voces?

Juana   Sin duda
que ha sido el fraile la causa.

Ludovico   ¡Que en mi casa no se cumpla
lo que mando! ¿No os he dicho
que no dejéis entrar nunca
a este fraile?

Celio   Por la puerta
no ha entrado.

Alberto   Es cierto.

Juana   Sin duda
que es santo.

Octavia   Padre, por Dios,
que excuse una desventura.

Luzbel   A estorbar la vuestra vine.

Octavia   ¿La mía?

Luzbel   Sí.

Octavia   Fuera injusta.

Luzbel   Ya sé que está inocente
mas los indicios os culpan.

Octavia   Pues, ¿qué haré?

Luzbel   Yo nada os puedo
aconsejar; que la fuga
es confesaros culpada.

Octavia   Yo espero en la siempre pura
madre de Dios que me ampare.

Ludovico   Hombre, vete y no presumas
que mi firme intento muden
tus palabras importunas;
que aunque fueran mis riquezas
las de Creso y Midas juntas,
no hallarás en mí limosna.

Luzbel   No hemos menester la tuya.
Tú necesitas de darla
que a mis frailes sobran muchas
pues que con ellas sustentan
trescientos pobres en Luca.
Ya te dejo; pero mira
no añadas culpas a culpas;
que está inocente quien piensas
que tu deshonor procura.
(Aparte.)   (¡Que mi soberbia impaciente
en tan infame coyunda
oprima el Criador Eterno!

          ¡Oh nunca, Francisco, oh nunca
          a humildad tan poderosa
          se opusieran mis astucias!)

(Vase.)

Ludovico (Aparte.)   (Éste sabe ya mi afrenta.
          En la quinta, más oculta
          podrá estar su muerte en tanto
          que pueda salir de Luca
          poniendo en salva mi hacienda.)

[Hablan aparte las dos.]

Juana   Lo mejor será que huyas.

Octavia   ¿Eso dices, necia?

Ludovico   Octavia,
          este fraile me disgusta
          tanto que por unos días,
          por ver si en ella me busca,
          nos hemos de ir a la quinta.
          ¿Qué dices?

Octavia   ¿Eso preguntas?
          ¿Qué puedo decir si sabes
          que mi voluntad es tuya?

Ludovico   Celio, haz poner la carroza.
          Tú, Alberto, para que suplas
          en los negocios mi ausencia,
          te quedarás.

Alberto   Pues tú gustas,
          yo lo haré.

Ludovico   Vamos, Octavia.

[Hablan aparte las dos.]

Juana   Mira que éste disimula
          su enojo para matarte.

Octavia   Mi inocencia me asegura.

Ludovico (Aparte.)   (Primero verás, infame,
          tu castigo que mi injuria.)

(Vanse. Sale fray Antolín.)

Antolín   El jumentillo mi maña
          envió con el donado
          y salga desafiado
          de mi hambre a la campaña.
             Y esta vez la he de matar
          sin que la persecución
          de aqueste fraile Nerón
          de mí la pueda librar.
             Cuanto yo escondo me quita,
          porque otro no puede ser,
          sin que me pueda valer
          la parte más exquisita.
             Ningún regalo consigo
          que en manos suyas no caiga
          y me ha obligado a que traiga
          todos mis bienes conmigo.
             Las mangas traigo rellenas.

El peso, con la costumbre,
no me dará pesadumbre
y servirán de alacenas.
    Mucho es que este fray Forzado
con tal trabajo no enferme;
porque ni come ni duerme
que es espíritu he pensado.
    Porque lo que más asombra,
yendo juntos por la calle,
es cuando vuelvo a miralle
que su cuerpo no hace sombra.
    Otro convento fundando
está ya, con prisa tanta,
que todo el lugar se espanta;
pero siempre regañando.
    Dentro del pecho presumo
que toma tabaco de hoja
porque el aliento que arroja
por las narices es humo.
    Él me ha dado en perseguir
y en no dejarme comer;
mas hoy no le ha de valer
porque él ha de presumir
    que ya estoy en el convento
y merendaré seguro.
Ya estoy muy lejos del muro;
en este altillo me siento,
    que todo lo señorea
porque si alguno pasare,
primero que en mí repare,
es fuerza que yo le vea.
    Polla, empanada y pernil
traigo; que es bueno imagino
el pan, mas lo que es el vino

puede arder en un candil.
    A Heliogábalo me igualo
y nunca el comer condeno
si lo que se come es bueno
porque todo es de regalo.
    Yo, en fin, no tengo otro gozo;
mi estómago es un abismo
y cuanto como es lo mismo
que si cayera en un pozo.
    No ha de estar de manifiesto
todo; conforme comiere
saldrá, porque si viniere
alguno, lo esconda presto.
    Salga el pernil.

(Sale Luzbel.)

Luzbel   ¡Qué cruel,
Señor, os mostráis conmigo!
¿Yo amigo de mi enemigo?
¿Sirviendo al hombre Luzbel?
    ¡Oh, pese a la pena mía!
¿De Francisco sustituto
es, oh Poder Absoluto,
quien quiso dar luz al día?
    ¡Basta tan fiero tormento!
Y cuanto me habéis mandado,
Señor, está ejecutado;
que de este rico avariento
    la posterva obstinación
solo la podrá vencer
vuestro absoluto poder.
A estorbar la ejecución
    de dar muerte a su mujer

voy. (Ya el lego se ha sentado
a comer lo que ha ocultado
de mí; mas no ha de comer
  nada de lo que ha traído.
De esta suerte haré que crea
que no le he visto y me vea.)

Antolín   ¡Pardiez, que no le ha valido
  a fray... ¡Válgame San Pablo!
¿Cómo este fraile llega
tan cerca sin verle yo?
Santo es... mas no es sino diablo.
  No me ha visto.

(Guarda lo que estaba comiendo.)

Luzbel (Aparte.)   (Ya guardó
lo que a comer empezaba.)

Antolín   · Pues que no puedo escaparme.
Preciso es llegar. Deo gratias.

Luzbel   ¿Fray Antolín?

Antolín   Padre mío,
¿dónde va?

Luzbel   Voy a la granja
o quinta de Ludovico
a impedir una desgracia;
mas él, ¿a qué vino al campo?

Antolín   Es que le médico me manda
que ande todo lo que pueda

y sea por tierra llana
porque tengo humores gruesos.

Luzbel

    Si en el comer se templara
los humores consumiera.
Seis frailes se sustentaran
con lo que el padre Antolín
come.

Antolín

    No tengo otra falta.

Luzbel

    De esa se originan muchas
porque la regla relaja
de su padre San Francisco.
Y la devoción estraga
también de sus bienhechores,
viéndolo por las mañanas
y aun por las tardes tomar
chocolate en veinte casas.

Antolín

    Padre, lo que me dan tomo
y esto mi regla lo manda.

Luzbel

    Mas esto se entiende cuando
con necesidad se halla.

Antolín

    Muchas veces he querido
vencer de mi hambre el ansia;
mas no he podido, que luego,
con los regalos que sacan,
me engaña el demonio.

Luzbel

    ¡Miente!
Su flaqueza es quien le engaña.

¿Hale propuesto el demonio
alguna vez, entre tantas,
que la gula no es pecado?

Antolín   No, pero gula se llama
comer sin gana, y a mí
jamás me faltó la gana.

Luzbel   Su hambre y la sed que tienen
los hidrópicos son falsas.

Antolín   No tal; que cuanto yo como
es salida por entrada.

Luzbel   ¿No come en refectorio
de pan como de vianda
la ración suya y la mía?

Antolín   Sí, padre.

Luzbel   Pues, ¿no le bastan?

Antolín   Dos raciones son, hermano,
para mí dos avellanas.

Luzbel   Que no reviente me admira.

Antolín   Gracia ha tenido.

Luzbel   Se engaña;
que, a tener gracia, no hubiera
perdido, hermano, mi patria.

Antolín   ¿Su patria perdió por eso?

Luzbel
      Sí, porque perdí la gracia
de mi rey y fue preciso,
aunque a mi pesar, dejarla.

Antolín
      ¿Qué reino es ese?

Luzbel
                    Está en clima
tan remoto que argonauta
ninguno le ha descubierto,
y será noticia vana.

Antolín
      Pues, si no le han descubierto,
¿quién le trajo al padre?

Luzbel
                        ¿Cuántas
veces he dicho a los padres
que Dios?

Antolín
              La boca me tapa.
Allí vienen unos pobres.

Luzbel
      ¡Ah, hermanos!

Antolín
                 ¿Por qué los llama?
Déjelos; que andan buscando
sitio para su matanza.

Luzbel
      Lleguen, hermanos.

Antolín
                  Si aquí
no podemos darles nada,
¿qué los quiere?

Luzbel   Si tuviere
necesidad, no faltara.

(Salen tres pobres.)

Pobre I   Nuestro santo limosnero
es.

Pobre II   Padre mío.

Pobre III   Bien haya
quien por nuestro bien le trajo
a Luca.

Luzbel (Aparte.)   (Y por mi desgracia.)
¿Comieron en el convento?

Pobre I   Llegamos tarde.

Antolín   Eso es trampa;
que a los tres, y yo presente,
les dieron hoy su pitanza.

Pobre I   Pero tengo seis chiquillos
y a mi mujer en la cama.

Antolín   Si de esa suerte procrea,
¿quién a sustentarlos basta?

Pobre II   Pues yo tengo nueve, y nunca
sale mi mujer de casa
porque es manca y es tullida.

Antolín   Nueve ha parido, ¿y es manca?

Váyanse con sus mujeres
a una isla despoblada;
que en poco tiempo pondrán
un ejército en campaña.

Pobre III   Yo no tengo hijo ninguno;
mas tengo un padre que pasa
de noventa años.

Antolín   En vano
refieren aquí sus plagas;
vayan después al convento.

Luzbel   Mucho siento que no traiga,
hermano, algún regalillo
para la que está en la cama
enferma. Mírelo bien,

Antolín   ¿Qué he de mirar? ¿Es matraca?

Luzbel   Pues yo los llamé y es fuerza
que lleven algo...

Antolín   Pues haga
que una docena de cuervos
en los picos se lo traigan;
que aquí no hay otro remedio.

Luzbel   Sí habrá. Tengo confianza
y a sus mangas eche, hermano,
la bendición.

Antolín (Aparte.)   (No hay humanas
diligencias contra este hombre.

Él me vio comer.)

Luzbel   ¿Qué aguarda?

Antolín   Mejor será que eche el padre
la bendición a sus mangas
y deje las manganetas.

Luzbel   No me replique palabra,
porque haré...

Antolín   Ya le obedezco;
pero de tan mala gana
que no será de provecho.

Luzbel   La bendición ya está echada.
Mire ahora lo que el cielo
envía.

Antolín   No envía nada.
Güero salió este milagro.

Luzbel   No gaste conmigo chanzas.
Saque de la manga izquierda
medio pernil, que ése basta
para ese pobre y su padre.

Antolín   Aquí no hay remedio.

Pobre II   ¡[Extraña]
maravilla!

Pobre III   Sí, por cierto.

Luzbel   Cocido está.

Pobre I   ¡Cosa rara!

Antolín (Aparte.)   (Y aun digerido estuviera
si un instante se tardara
el padre.)

Luzbel   Déle a ese pobre.

Antolín   Mejor es que le reparta
entre los tres.

Luzbel   No le pido
consejo. Déle a Dios gracias,
y tenga fe.

Antolín (Aparte.)   (Los milagros
como éste se obran con mala.)

Luzbel   Désele, pues.

Pobre II   Venga.

Antolín   Tome.
(Aparte.)
(Y mal provecho te haga.)

Luzbel   Para este pobre que tiene
a su mujer en la cama,
saque una polla.

Antolín   Si hay polla
que quede repuesta basta.

Luzbel   Ya le he dicho...

Antolín   No se enoje.
(Aparte.)   (¡Los diablos lleven tu alma!)
                       Aquí está ya. Tome.

Pobre I   Y viene
                       cocida y salpimentada.

Antolín (Aparte.)   (La salpimienta se vuelva
                       solimán.)

Luzbel   Una empanada
                       que tiene dentro un gazapo
                       y está en la derecha manga,
                       saque al momento.

Antolín   Laus Deo.
                       Tome.

Pobre III   Quien con Dios alcanza
                       tanto, eternamente viva.

Luzbel (Aparte.)   (Ésa es mi mayor desgracia.)
                       Saque un pan.

Pobre I   Un pan es poco.

Antolín   No hay más.

Pobre I   Habrá sido mala
                       la cosecha, pues no envían
                       más de un pan.

Pobre II	Pan no nos falta.

Pobre III	Mucho nos dan, porque este año
le abarató la abundancia.

Antolín	Pues tierras hay que, aunque fuera
un pan cada gota de agua,
lloviendo a pedir de boca
el pan no se abaratara.

Pobre I	Padre, ¿habrá un trago de vino?

Antolín	¿Vino también? ¡Calabaza!

Luzbel	Pues saque una.

Antolín	Padre mío,
advierta que es cargo de alma.
Déjele para las misas;
que es vino del cielo.

Luzbel	En casa
tienen de ese propio vino.
¿Qué espera? La calabaza
les dé.

Antolín	Tomen; que mejor
les diera calabazadas.

Luzbel	Ya se pueden ir.

Pobre II	Primero
nos deje besar sus plantas.

Luzbel   Apártense allá.

Pobre III   No quiere
que le agradezcamos nada.

Luzbel   Váyanse.

Pobre II   Adiós, padre mío,
(¡No vi aspereza tan santa!)

(Vanse [los pobres].)

Luzbel   Diga, ¿parécelo justo
hacer despensas las mangas
de un hábito tan sagrado?

Antolín   Padre...

Luzbel   No me diga nada.

Antolín   Por amor de Dios le pido
que de esto se sepa nada
ningún religioso, y déme
su caridad mil patadas.

Luzbel   No lo sabrán, pero haré,
si de enmendarse no trata,
que el padre Guardián le envíe
sin el hábito a su casa
o choza, donde comía
después de estar con la azada
trabajando todo el día,
unos tasajos de cabra.
En el refectorio coma

cuanto le pidiera el ansia
de su vil naturaleza;
que hasta que la satisfaga
le traerán lo que pidiere;
mas no ha de tomar ni aun agua
en otra parte. Y advierta
que no se me esconde nada.

Antolín   Digo, padre fray Forzado,
que haré todo lo que manda.

Luzbel   Ya va llegando a la quinta
Ludovico con Octavia.

Antolín   ¿Desde aquí los ve?

Luzbel   Mi vista
mucho más lejos alcanza.
Camine, Antolín, que allá
le aguardo.

Antolín   ¿Que allá me aguarda?
Pues, ¿no iremos juntos?

Luzbel   No;
que cuando del coche salgan
es fuerza hallarme presente.

Antolín   Pues si hay una legua larga,
¿cómo ha de llegar a tiempo?

Luzbel   A mí un instante me basta.

(Vase.)

Antolín   ¡Jesús mil veces! El viento
                   le llevó. Ya no me espanta;
                   que, sin haberle yo visto,
                   tan cerca de mí llegara
                   ni que por extenso viera
                   cuanto traía en las mangas;
                   mas pasarme todo un día
                   comiendo una vez es chanza
                   y, supuesto que no hay parte
                   de su vista reservada,
                   como me lo fueren dando
                   lo esconderé en mis entrañas.

(Vase. Salen Feliciano y Celio.)

Celio   Si dices que te ha avisado
                   Juana de que receloso
                   está ese hombre, ¿no es forzoso
                   creer lo que ha recelado
                     si en su quinta estás primero
                   que él llegue?

Feliciano   O es cierto o no
                   lo que Juana me avisó.
                   Si es cierto, por caballero,
                     por primo suyo y amante
                   a Octavia debo librar.

Celio   ¿Y quién te ha de asegurar
                   de si es cierto?

Feliciano   Su semblante;
                   que si es cierto que ha sabido

90

con verdad lo que ha pasado,
yo soy el que le ha agraviado;
que Octavia no le ha ofendido.
   Y viéndome solo aquí,
puesto que tiene valor,
o yo lograré mi amor
o él se vengará de mí.
   Con los caballos espera,
de esos robles encubierto.

Celio   ¿Por qué, si quedó Roberto
con ellos?

Feliciano   Porque pudiera,
   si estamos dos, encubrir
su intención, si es que la tiene;
mas ya la carroza viene.
Sin duda quieren salir
   de ella porque se ha parado.
Vete.

Celio   Acechando estaré
y si importase, saldré;
pero ten mucho cuidado
   que es fiero.

Feliciano   Él lo da a entender;
pero de esto mismo infiero
lo contrario; que no es fiero
quien lo quiere parecer;
   mas ganaré por la mano
si al verme muda el color.

Celio   El plomo lo hará mejor.

(Sale Luzbel.)

Luzbel   ¿Adónde vais, Feliciano?

Feliciano   Padre...

Celio   ¿Por dónde ha venido
el santo?

Feliciano (Aparte.)   (Admirado estoy
y turbado.) Padre, voy...

Luzbel   Ya sé lo que os ha traído.
                                   Y no es justo que me espante
                                querer en esta ocasión
                                cumplir con la obligación
                                de caballero y amante;
                                   pero no paséis de aquí.
                                Volveos por la arboleda
                                sin que Ludovico pueda
                                veros, y dejadme a mí;
                                   que vos podréis en rigor,
                                si os ayudare la suerte
                                de Octavia excusar la muerte,
                                mas no quitándola el honor;
                                   pues quien aquí me ha enviado,
                                vida y honor le dará
                                y a su esposo templará.
                                Bien podéis ir confiado.

Feliciano   Advierta su caridad
                                que este hombre le ha de perder
                                el respeto, y puede ser

que le arroje su maldad
a otro mayor desvarío.

Luzbel
      Trayendo yo, Feliciano,
orden de Dios, no hay humano
poder que resista el mío.

Celio
      Presto; que el coche han dejado.

Feliciano
      Ya le obedezco gustoso,
varón santo.

Celio
          ¡Prodigioso!
En fin, de Dios enviado.

(Vanse.)

Ludovico
      Señor, si por tantos modos
podéis vos librar del riesgo
a esta mujer, y también
reducir a ese protervo,
rebelde, avariento monstruo
solo con el querer vuestro,
pues redujo la codicia
del publicano Mateo,
¿por qué a mí me lo mandáis
sabiendo vos que no puedo?
Pero ya los dos se acercan
y Octavia, aunque con recelo,
viene animosa, fiada
del justo devoto afecto
que a la siempre virgen pura
tiene. Que la ampare creo;
que inocencia y fe aseguran

que es ya divino el empleo.
Mas ya llegan.

(Salen Ludovico y Octavia.)

Octavia   ¿Para qué,
cuando tan cerca tenemos
la quinta, el coche dejamos?

Ludovico   Pero eso mismo le dejo.

Luzbel (Aparte.)   (Por causarle más espanto
hasta que quiera su intento
ejecutar, no ha de verme,
y entonces me pondré en medio.)

Ludovico   Que solo te traje, Octavia
para dejar satisfecho
mi agravio en tu infame vida.

Octavia   Tú te agravias en creerlo,
porque yo no te he ofendido
ni aun con solo el pensamiento;
que si le hubiera tenido,
bastante lugar y tiempo
tuve de ponerme en salvo;
pues de tu falso recelo
me envió el cielo el aviso
con el padre limosnero
de San Francisco.

Ludovico   Pues ya
ni ese mágico ni el cielo
de mí han de poder librarte.

Octavia   Escucha.

Luzbel   Tente, blasfemo;
que si permisión tuviera
de quien por fuerza obedezco,
yo solo te convirtiera
en cenizas con mi aliento.

Ludovico   Tus descompuestas palabras
confirman que tus portentos
son en virtud del demonio;
pero lograré mi intento,
a tu pesar, con su muerte.

Luzbel   La tuya verás muy presto
si no le pides perdón
a Dios, y repartes luego
en los pobres tus tesoros,
pues tienen más parte en ellos
que tú.

Ludovico   ¡De cólera rabio!
Encantador, embustero,
¿dónde te escondes?

Octavia   ¡Señora,
pues vos sabéis que no tengo
culpa, libradme de este hombre!

Luzbel   Advierte, pecador ciego
que está tu fin muy cercano.

Ludovico   Sombra o fantástico cuerpo,

si amenazas, ¿por qué huyes?
Mas vengaré por lo menos
en esta mujer mi agravio.

[Le mata a Octavia con su espada.]

Luzbel   Detente.

Octavia   Sin culpa muero.
¡Virgen, dadme vuestro amparo!

(Cae como muerta.)

Ludovico   ¡Muere, infame!

(Vase.)

Luzbel   Pues, Eterno
Señor, ¿cómo me impedís
que con impulso violento
guarde de Octavia la vida,
pues de otra suerte no puedo?
Ya dejándola por muerta,
vuelve a la carroza el fiero
homicida.

(Sale fray Antolín.)

Antolín   Padre mío,
¿qué ha sucedido, que huyendo
va Ludovico?

Luzbel   Su vista
le informará del suceso.

¿No ve a Octavia en ese campo?

Antolín   ¡Jesús! Pues, ¿no llegó a tiempo
de impedirlo?

Luzbel   A tiempo vine,
mas sin duda fue decreto
soberano.

Antolín   ¿No la absuelve?

Luzbel   Ya expiró; pero ¿qué es esto?

Antolín   ¿De qué se ha quedado absorto?

Luzbel   Confuso estoy.

Antolín   Vamos presto,
y llevémosla a la quinta.

Luzbel (Aparte.)   (Algunos de sus portentos
quiere obrar Dios con Octavia.)

Antolín   ¿A qué aguarda? Vamos presto.

Luzbel   Que ni al infierno ha bajado
el alma, ni subió al cielo,
ni ha entrado en el purgatorio,
y naturalmente ha muerto.

Antolín   Pues hace tantos prodigios
por cosas que importan menos,
a esta dama resucite,
pues a sus ojos la han muerto;

(Aparte.)

que es milagro obligatorio.
(Ahora sabré de cierto
si éste es santo o es demonio;
mas orando está.)

(Baja en la tramoya que mejor parezca, una niña que haga la Virgen, acompa-
ñada deángeles y llega hasta Octavia y tócala con las manos.)

Luzbel (Aparte.)

(Ya veo
de mi duda el desengaño;
que, haciendo la tierra cielo,
cercada de querubines,
baja la madre del Verbo,
la ocasión de mi delito,
la causa de mi destierro.
¿Que sola una devoción
que os tiene —ide mí blasfemo!—
a tanto extremo os obligue?
Pues, ¿quién no es devoto vuestro
de cuantos a Dios conocen
si no es yo, porque no puedo?)

Antolín (Aparte.)

(Con Dios, sin duda, está hablando;
que hace visaje y gestos
como suelen las beatas.)

Luzbel (Aparte.)
(Póstrase.)

(iOh, reniego de mí mesmo!
Postraréme a pesar mío
pues a la opresión que tengo
me añade el Criador que sea
testigo de mi tormento.)

Antolín

Padre, padre, ¿con quién habla?
iJesús mil veces! El fuego

que arroja me ha chamuscado.
Si acaso no es diablo, es cierto
que es alma del purgatorio.

Luzbel   (Ya llega al cadáver yerto.
Ya con sus divinas manos
la toca, y a un mismo tiempo
el alma a su mortal cárcel
vuelve, y el vital aliento.
Ya vuelve a ocupar su trono
y ya su guardia, tendiendo
las cuchillas de las alas,

(Tocan, y vuelve a subir en la misma tramoya.)

cortan con su Reina el viento.)
Levante del suelo a Octavia,
hermano.

Antolín   Solo no puedo;
que pesa mucho un difunto.

Luzbel   Viva está.

Antolín   Como mi abuelo.

Luzbel   Haga lo que le digo
sin replicar.

Antolín   Mas, ¿qué veo?
¡Voto a tal, que se revuelve!

(Salen Feliciano y Celio.)

Feliciano   Si tú le viste corriendo
                   y solo, muerta es Octavia;
                   pero aunque la oculte el centro
                   de la tierra...

Luzbel   Feliciano,
                   reportaos.

Feliciano   De vos me quejo
                   más que del vil Ludovico.

Octavia   ¡Qué soberano consuelo!
                   Mas, ¿qué es lo que estoy mirando?

Antolín   Pues aquí no hay embeleco
                   santo es a macha-martillo.

Feliciano   ¿Octavia mía?

Luzbel   Teneos,
                   Feliciano.

Octavia   Padre mío,
                   déjeme que bese el suelo
                   que pisa.

Luzbel   Apartad, señora;
                   que la que es Reina del Cielo
                   os dio la vida.

Octavia   Y también
                   su intercesión.

Luzbel (Aparte.)   (Esto siento

más que todas mis desdichas.)

Octavia
Que salgáis de Luca os ruego,
Feliciano.

Feliciano
Y aun de Italia
toda salir os prometo
si os volvéis con vuestro padre.

Luzbel
Hay mucho que hacer primero
que de su ausencia se trate;
quede este caso secreto
por dos días, que conviene.
Vos, Feliciano, volveos
a la ciudad; que yo a Octavia
pondré donde esté sin riesgo.

Feliciano
Preciso es que obedezca;
pero, ¿no sabré primero
lo que ha pasado?

Luzbel
Mañana
que lo sepáis os prometo.
Idos y llevad sabido
que ha importado este suceso
mucho a vuestro amor.

Feliciano
Alegre
con esta esperanza vuelvo.

(Vase.)

Luzbel
Venid conmigo, señora;
que esta noche por lo menos

en casa de una devota
nuestra quedaréis; que luego
dispondrá lo que gustare.

Octavia   Yo, padre mío, no tengo
que disponer; mi albedrío.
a la elección suya dejo.

Luzbel   Vamos; que por el camino
sabrá quién del suyo es dueño.

Octavia   Vamos.

(Vase.)

Luzbel   Antolín, camine.

Antolín   Padre, de hambre no veo;
por pan me llego a la quinta.

Luzbel   Camine; que en el convento
comerá.

Antolín   Padre, una legua
es para mí mucho trecho
y el estómago se afila.

Luzbel   Pues para que coma luego,
yo haré que solo de un salto
a la puerta del convento
se ponga.

Antolín   Téngase, padre.

Luzbel   Mire si quiere...

Antolín   No quiero.
            Ya se me quitó la hambre.

Luzbel   Pues ande, y tenga por cierto
            que es mi poder más que humano.

Antolín   Pues, ¿por qué me advierte de esto?

Luzbel   Porque me ha de hallar muy cerca
            cuando me juzgue muy lejos.
            Camine.

Antolín   Vuelvo a mi duda,
            porque no hay santo soberbio.

(Vanse.)

Fin de la segunda jornada

Jornada tercera

(Salen Octavia y Juana.)

Juana   Admirada estoy, señora,
de tu suceso.

Octavia   Mi muerte,
como te he dicho, fue un sueño
tan gustoso que no puede,
Juana, explicarte mi lengua
tal gloria, siendo tan breve;
pero el santo limosnero,
que a todo se halló presente
por inspiración divina,
me informó de que la siempre
virgen y madre, cercada
de paraninfos celestes,
en mi cuerpo, ya cadáver
vio clara y distintamente
poner sus sagradas manos.

(Sale Feliciano.)

Feliciano   Y a mí de la misma suerte
me lo ha dicho.

Octavia   Pues, ¿qué es esto?
¿Cómo a entrar aquí te atreves?

Feliciano   ¿Cómo? El dueño de esta casa
me dio licencia de verte
por tu deudo.

Octavia   Mas no sabe
que tú, Feliciano, eres
quien me has puesto en el estado
que estoy, y si no te vuelves,
dejaré luego esta casa.

Feliciano   Ya cesó el inconveniente
que tuvo el poder hablarte
puesto que esposo no tienes.

Octavia   Aunque el padre fray Forzado
me asegura que la muerte
dirimió ya el casamiento,
y a dejarme se prefiere
libre sin estorbo alguno,
no quiero yo que lo intente;
que, aunque tanto le aborrezco,
como satisfecho quede
de mi inocencia y su engaño
Ludovico, he de volverme
con él a vivir muriendo.

Feliciano   ¿Qué es volver?

Juana   ¡Jesús mil veces!
Pues, ¿con hombre tan sin alma,
y tan sin Dios que no tiene
seña alguna de cristiano,
volverte, señora, quieres?

Octavia   Esto es forzoso. Ya voy.

Feliciano   Primero que tú lo intentes,
le he de quemar en su casa.

Juana

        Bien pudiera, por hereje.

Feliciano

         Con un hombre que la vida
te quitó sin ofenderte;
¡vive Dios...!

Octavia

              Indicios tuvo
para juzgar evidente
su agravio; mas suponiendo
que ya con él no volviese,
nada conseguir pudieras
con eso, porque aunque quede
de mi voluntad el dueño
y casarme resolviese
contigo, ya no es posible.

Feliciano

         Pues, ¿quién impedirlo puede?

Octavia

         Tú, pues ocasión has dado
de que con razón sospeche
toda la ciudad que tuvo
causa para darme muerte
mi esposo, puesto que es fuerza
que yo en el pleito confiese
toda la verdad del caso,
y que, aunque estoy inocente,
pudo juzgarme culpada
Ludovico, sin que fuese
temeridad el creerlo.

Feliciano

         ¿Y cómo desmentir quieres
esa sospecha?

Octavia   Con solo
no ser tuya se desmiente.

Juana   Señora, una vez creído
maldito el remedio tiene.

Octavia   Sí, tendrá.

Feliciano   Cualquiera es vano,
porque, si preciso fuese,
bien sabes que, si rompiste
un papel, me quedan veinte
y que están todos firmados.

Octavia   Y cuando no lo estuviesen,
no los negara; mas ya
de nada servirte puede
presentarlos, pues es cierto
que todos esos papeles
proscribieron desde el día
que, hallándote tú presente,
mi infelice casamiento
consentiste, pues no tienes
que alegar causa ninguna
que impedírtelo pudiese.

Feliciano   Causa tuve, y la más justa.

Octavia   Cuando infinitas tuvieses,
no te valiera ninguna
ya en el estado presente
porque, cuando el juez el pleito
en favor tuyo sentencie,
apelaré a un monasterio

porque satisfecho quede
Ludovico de que nunca
tuve intención de ofenderle.

Feliciano   Oye, espera.

Octavia   No me obligues
a que dé voces; que el verte
me causa horror.

Juana   Es mentira.

Feliciano   No dudo que me aborreces.

Octavia   Necio fueras en dudarlo,
pues tantas causas me mueven.

Feliciano   Escucha.

Octavia   Suelta.

(Sale Teodora.)

Teodora   ¿Qué es esto?

Octavia   No es nada; pero no dejes
entrar aquí a Feliciano.

Teodora   ¿Por qué, siendo tu pariente
y a quien le toca tu amparo?

Octavia   Ni de él puedo yo valerme,
ni quiero.

Teodora   Pues, ¿de quién pudo
                    saber en tiempo tan breve
                    mi casa y que en ella estabas?
                    Que yo juzgué que viniese
                    llamado de ti por Juana.

(Sale fray Antolín, alborotado.)

Antolín   Mucho ha sido defenderme
                    de tantos.

Juana   ¿Qué es eso, padre
                    fray Antolín?

Teodora   ¿De qué viene
                    tan alborotado?

Antolín   Hermana,
                    ha dado en pensar la gente
                    que soy santo desde el punto
                    que fray Forzado, mi jefe,
                    hizo un milagro a mi costa,
                    y he menester esconderme
                    por unos días. Ahora,
                    cogiéndome de repente
                    con cuchillos y tijeras
                    me embistieron más de veinte.
                    El hábito me quisieron
                    cortar, y por defenderle,
                    en muslos, piernas y brazos
                    he sacado seis piquetes
                    de la refriega.

Feliciano   Pues, ¿cómo

con prodigios tan patentes,
no se le llegan al padre
fray Forzado?

Antolín   No se atreven
porque los atemoriza
con la vista solamente,
tanto que todos se apartan.
No ha habido santo como éste.
Solo porque no le toquen,
no permite que le besen
la manga; pero yo creo
que el hábito es aparente
y aun el cuerpo.

Octavia   ¿Y hoy le ha visto?

Antolín   No quisiera que él me viese.

Feliciano   Él fue, Octavia, quien me dijo
adonde estabas.

Octavia   No puede
fray Forzado haberte dicho
que es justo hablarme ni verme;
que haberte dicho la casa
sería porque supieses,
como tu intención ignora,
que estoy en parte decente,
no para que en ella entraras.

Feliciano   Confieso que razón tienes;
pero ya entré y has de oírme.

Juana   Poco en escucharle pierdes.

Octavia   Di; pero en vano te cansas.

(Hablan los dos [aparte].)

Juana   No digas lo que no sientes.

Teodora   Y el padre fray Antolín,
                         de nuestro santo, ¿qué siente?

Antolín   Que me tasa la comida,
                         que aunque, sin otro relieves,
                         mi ración como y la suya,
                         porque él ni come ni bebe,
                         me quedo como en ayunas;
                         que mi estómago no enciende
                         lumbre para dos raciones;
                         y cierto que es cosa fuerte
                         quitarle a un hombre el sustento.
                         Y no debo obedecerle
                         contra el natural derecho
                         porque yo corporalmente
                         por veinte frailes trabajo
                         y es fuerza comer por veinte.

Teodora   Pues un pollo le he guardado
                         grandecito, con que almuerce,
                         salpimentado, y un bollo
                         que yo amasé con aceite,
                         como de libra, y también
                         media azumbre de clarete.

Antolín   Yo necesidad tenía

y bien grande ciertamente;
pero este santo es demonio.

Teodora Pues aquí no hay que temerle;
que yo cerraré la puerta.

Antolín Aunque la calafatee,
no estoy seguro de este hombre;
mas los vahidos me tienen
sin vista; tráigalo, hermana,
y venga lo que viniere.

(Vase Teodora.) Que un pollo con un bollito
de una libra no me puede
dañar, y es parva materia.
Lejos quedó. Cuando llegue,
ya me habré desayunado.

Octavia Un imposible pretendes.

Feliciano Ésa es venganza.

Octavia Te engañas.

(Salen Teodora y Luzbel. [Cada uno por su puerta.])

Teodora Aquí está tome.

Luzbel (Aparte.) (No puede
este lego reprimirse;
pero yo haré que escarmiente.)

Antolín Ya era mancebito el pollo
en verdad.

Teodora   De cuatro meses;
para gallo lo guardaba.

Antolín   Pues si gallinas no tiene
¿para qué gallo quería?

Teodora   Para que en casa le hubiese.

Antolín   Crie gallinas; que gallo
no le faltará, si quiere.

Teodora   Deje las chanzas, y come
por si acaso...

Antolín   Yo soy breve.
En cuatro o cinco bocado
despacharé.

Luzbel (Aparte.)   (Si pudieres.)

(Áselo de los gaznates.)

Antolín   ¡Que me ahogo, que me ahogo!

Teodora   ¿Qué es eso, hermano?

Feliciano   ¿Qué tiene
fray Antolín?

Octavia   ¿Qué le ha dado?

Antolín   ¡Que me mata! ¡Suelte, suelte!

Feliciano   ¿Quién le ha de soltar?

114

Luzbel
                        Deo gratias.
¿Qué es esto?

Teodora
                    A buen tiempo viene
su caridad porque al padre
le ha dado un mal de repente.

Luzbel
        Apártense; que no es nada.

Antolín (Aparte.)
        (¡Qué disimulado viene!
¿Éste es santo? Lleve el diablo
el alma que lo creyere.)

Luzbel
        ¿Qué ha sido?

Antolín
                    Buena pregunta;
que con dos hierros ardientes
me apretaron los gaznates.

Luzbel
        Pues yo presumí que fuese,
padre, alguna apoplejía;
mas para después se quede.
Señor Feliciano, ¿vos,
en esta casa?

Octavia
                    Pretende
que todo el lugar confirme
lo que es fuerza que sospeche.

Luzbel
        Bien excusarlo pudierais;
pero, de cualquiera suerte,
no quedará en vuestro honor
el escrúpulo más leve.

Idos, señor Feliciano;
que por ahora conviene
no darle disgusto a Octavia.

Feliciano	En todo he de obedecerte,
padre, por muchas razones;
mas mire que solamente
por hoy le di la palabra
de que estar seguro puede
ese hombre.

Luzbel	Sí; que mañana
no habrá para qué se arriesgue.

Feliciano	¿Cómo?

Luzbel	Nada me pregunte.
puesto que el plazo es tan breve.

Feliciano	Adiós, Octavia.

Octavia	Él te guarde.

Feliciano	Siendo tuyo...

Octavia	No lo esperes.

Juana (Aparte.)	(Ella es quien más lo desea.)

([Habla Luzbel] a Feliciano.)

Luzbel	Id seguro; que no puede
dejar de ser vuestra, Octavia.

Feliciano

   Vida mi esperanza tiene,
padre, en confianza suya.

(Aparte.)

   (¡Prodigioso santo es éste!)

(Vase.)

Luzbel (Aparte.)

   (¡Que estos por santo me tengan
a mayor rabia me mueve
que la opresión que padezco!)
Ya, señora Octavia, puede
disponer de su persona
como mejor le estuviere.

Octavia

   Pues, padre, el intento mío,
aunque a mi pasión le pese,
es padecer, mientras viva,
con Ludovico si él quiere.

Juana (Aparte.)

   (También tiene nuestro padre
su poquito de alcahuete.)

Octavia

   Pagar en algo lo mucho
que debo a Dios y a la siempre
virgen...

Luzbel

   Basta, no prosigas.
(Auxilio, sin duda, es éste
que la guarda, que la asiste,
y aconseja que lo intente
solo para que merezca,
sin que a ejecutarlo llegue,
puesto que ya Ludovico
su fin tan cercano tiene.
Quitarla el merecimiento

que en solicitarlo adquiere
fácil fuera; mas no puedo,
pues por tormento más fuerte,
lo mismo he de hacer que hiciera
Francisco.) ·

Octavia   ¿Qué se suspende?
Si su caridad acaso
juzga que no me conviene,
yo haré lo que me mandare.

Luzbel   El propósito que tiene,
siento que debo aprobarla;
y también que le fomente.
Y, puesto que está resuelta,
vamos; que el tiempo se pierde.

Octavia   Pues, ¿quién le ha de hablar?

Luzbel   Vos misma.

Octavia   ¿Yo, padre?

Luzbel   Nada recele;
que cuida Dios mucho, Octavia,
del que sus pasiones vence.
Solo al desprecio se arriesga
de ese hombre; mas le conviene
para su merecimiento
que le perdone y le ruegue
que otra vez la dé la mano.
(Aparte.)   (Que si ofenderla quisiere,
orden tengo de que impida
su impulso violentamente.)

Octavia   Yo he de obedercerte en todo,
                    cuanto me mande.

Luzbel (Aparte.)   (Bien puede,
                    por ahora.)

Juana   ¿Iráste sola?

Luzbel   Segura va, no la deje.

Juana   Vamos; pero si te quedas
                    con él, adiós para siempre;
                    que yo a Florencia me vuelvo.

Octavia   Poco sentirá el perderte
                    quien deja lo que más quiso
                    por lo que más aborrece.
                    Danos los mantos, Teodora.

Teodora   Notable corazón tienes.

(Vanse las tres.)

Antolín   Ahora entra el diablo y dice...

Luzbel   ¿Cómo, si experiencias tiene
                    de que nada se me oculta,
                    no hay orden de que se enmiende
                    habiéndolo yo mandado
                    por obediencia mil veces
                    que en el refectorio coma
                    y beba cuanto quisiere,
                    y no en otra parte alguna?

No es fraile quien no obedece;
mas yo haré que, como a bruto,
el castigo le sujete
y en una celda encerrado
a comer poco se enseñe.

Antolín   Padre, como desde anoche
ni aun tripas mi cuerpo tiene,
con vahidos y desmayos,
dando por esas paredes,
entré aquí a desayunarme.

Luzbel   ¿Desayuno le parece,
padre, un bollo de una libra
y un pollo de cuatro meses?
¿Por eso gasta palabras
ociosas, como indecentes?
Que si un áspero silicio
sobre sus carnes trajese,
y comiera lo bastante
para vivir solamente,
no estuviera para chanzas.
Sígame.

Antolín   ¿Dónde me quiere
llevar?

Luzbel   Donde inobediencias
purgue.

Antolín   Yo me haré dos fuentes,
padre, por amor de Dios.
Le pido que no me encierre,
y por aquella que puso

sobre la infernal serpiente...

Luzbel

Yo lo haré. Calle.

Antolín

Ya callo.

Luzbel

Pero advierta que no puede
quedarse sin penitencia.
Dígame, ¿cuál le parece
que cumplirá?

Antolín

Cien azotes,
como otro no me los pegue.

Luzbel

Otra penitencia quiero
darte yo mucho más leve.
Venga conmigo a la casa,
hermano, de este rebelde
Ludovico.

Antolín

¿Que aún porfía
en pensar que ha de poderle
reducir?

Luzbel

Sí; pero sepa
que el postrero día es éste
y hemos de hacer el esfuerzo
mayor que posible fuere.

Antolín

¿Y hemos de ir, padre?

Luzbel

Sí;
que puede ser que aprovechen
más cuatro palabras suyas

que cuanto yo le dijere
y esta penitencia sola
le doy.

Antolín   Yo lo haré; mas déme
licencia de que un cuchillo
de monte en la manga lleve
de tres palmos.

Luzbel   ¿Eso dices?

Antolín   Pues, ¿con qué he de defenderme
si me embiste con palabras
malas y nada corteses?

Luzbel   Yo, hermano, le sustituyo
mi poder. De mí se queje
si al instante que le diga
que se tenga, se muriere
aunque esté muy irritado.

Antolín   Pues, vamos; que de esta suerte
yo le pondré como un trapo.
(Aparte.) (Por si éste engañarme quiere,
me prevendré de guijarros.)
¡Ah, padre!

Luzbel   ¿Qué dices?

Antolín   Que entre
en la penitencia todo,
y por esta vez dispense,
para que me dé osadía
en dos tragos de clarete.

Luzbel   Vaya.

Antolín (Aparte.)   (¡No quedará gota!)

(Vase.)

Luzbel   ¡Que en esto Luzbel se emplee!
                          En buen estado, Criador
                          de Cielo y Tierra, me tienen
                          Miguel vuestro capitán
                          y Francisco vuestro alférez.

(Vase. Salen Ludovico, Celio, Alberto y criados.)

Ludovico   ¿Qué el cuerpo no habéis hallado
                          de esta mujer?

Alberto   No, señor.

Ludovico   Ese fraile encantador
                          de secreto la ha enterrado.

Alberto   Claro está, pues se halló allí,
                          que luego la llevaría
                          y sepulcro la daría.
                          Y te ha estado bien a ti
                          porque ya en Luca estuviera
                          público, y teniendo aviso
                          a prenderte era preciso
                          que el Gobernador viniera
                          aunque es tu amigo el mayor.

Ludovico   Ya yo le tengo avisado

y de la causa informado.

Alberto (Aparte.)   (¡Qué gentil gobernador!)

Ludovico   De ésta y cualquier pretensión
de mi parte tengo al juez,
y me pesa que otra vez
no pueda mi indignación
    matarla; pero esta mano
me acabará de vengar;
porque no me he de ausentar
sin dar muerte a Feliciano.
    Ni aun después pienso ausentarme;
que en estando averiguada
mi razón, muy poco o nada
me ha de costar el librarme.
    Solo retirarme quiero
por no ver a este embaidor,
hechicero, estafador
con capa de limosnero.

Alberto   Llamando están [...-ido,
....
.....................]

Ludovico   [...] Ve advertido
    de que no dejes entrar
sino al que a comprar viniere
los géneros que no hubiere
en Luca, que han de pagar,
    sobre la falta, el deseo
o los buscarán en vano;
que si la mitad no gano,
¿para qué mi hacienda empleo?

Alberto (Aparte.)   (Lo mismo hace con el trigo.)

Ludovico   Avísame de quién es
antes de entrada le des.

Alberto   Claro está

(Vase.)

Celio (Aparte.)   (Grande castigo
le ha de dar a este hombre el cielo.
No hay seña en él de cristiano.)

Ludovico (Aparte.)   (El matar a Feliciano
me causa mucho desvelo;
que por agora ha de andar
con cuidado y prevención.

(Sale Alberto.)

Alberto   Señor, dos mujeres son
las que te quieren hablar;
y la una, aunque tapada,
de bizarro parecer.

Ludovico   No me vendrán a traer.

Celio   Tampoco a pedirle nada
vendrán.

Ludovico   Pues, ¿de qué lo infieres?

Celio   De que ya desengañados

están y aún escarmentados,
los pobres y los mujeres.

Ludovico   Entren pues, y cierra luego.

Alberto   Buscar quiero a quién servir.

(Vase.)

Celio   Hoy me pienso despedir.

Ludovico   Con grande desasosiego
                  estoy.

Celio (Aparte.)   (No hay en la ciudad
                  quien, en oyendo su nombre,
                  no diga que tan mal hombre
                  no le tiene el mundo entero.)

(Vuelven a salir el Criado, Octavia y Juana, tapadas, y detrás Luzbel y fray
Antolín.)

Alberto   Entrad.

Juana   Yo estoy temblando de miedo.

Octavia   Mi arrojo ha sido terrible.

Antolín   Sin duda estoy invisible.
                  ¡Qué linda cosa!

Luzbel   Hable quedo.

Ludovico   ¿Qué me tenéis que mandar?

Octavia   Turbada estoy, ¡ay de mí!
               ¿Si entró fray Forzado?

Luzbel   Sí.

Octavia   A solas os quiero hablar.
(Aparte.)   (Ya más animosa estoy.)

Ludovico   Idos.

(Vanse los criados.)

                   Ya decir podéis
               quién sois y lo que queréis
               pues ya estoy solo.

Octavia   Yo soy.

(Descúbrese.)

Ludovico   ¿Qué miro? ¿Sombra yo? ¡Válgame el cielo!
               ¡Fantástica visión!

Octavia   Pierde el recelo.
               No soy visión, no temas.

Ludovico   Susto ha sido
               que ni medroso estoy ni arrepentido
               de verte muerta. Si a pedir me vienes
               que haga bien por tu alma, padre tienes,
               a él le toca, y también al falso amigo
               que en mi agravio fue cómplice contigo.

Octavia

    Viva estoy. No te vengo a pedir nada;
que, aunque la vida me quitó tu espada,
me la volvió la virgen siempre pura
en cuya confianza fui segura
contigo ayer, por la inocencia mía
y a quien me encomendé cuando moría.
Clara y distintamente
afirma que lo vio fray Obediente
Forzado, a quien confieso, agradecida,
que por su intercesión me dio la vida.
La crueldad te perdono
por la sospecha tuya y para abono
de que no te ofendía
ni aun la imaginación de parte mía,
aunque ya el nudo fuerte
que ató la iglesia desató la muerte,
  otra vez...

Ludovico

    Cierra los labios
y vuelve al pecho la voz;
que aun antes de pronunciada
me enfurece tu intención.
Contigo murió mi afrenta
y mi enemigo mayor.
Solo para que viviera
por tu vida intercedió.
¿Qué disculpa puedes darme
si escucharon la traición
de tu boca mis oídos;
si en el papel que rompió,
la queja que de tu amante
tenías, en un renglón
partido vieron mis ojos
firmando mi deshonor?

¿Cómo, vil mujer, te atreves
—¡Ciego de cólera estoy!—
a pronunciar que otra vez
vuelva a ser tu esposo yo?
Vete o tomará mi agravio
otra vez satisfacción,
y en esa infame criada
que ayer de mí se escapó
por testigo de mi agravio...

Octavia   Tu necia imaginación
te ha mentido.

Juana   No mintiera
si hubiera podido yo.

Ludovico   Quítate de mi presencia,
y si estás libre tu amor
logre su infame deseo
con quien primero que yo
te tuvo en sus brazos.

Octavia   Miente
tu infame lengua; que el Sol
no llegó a tocar la mano
que mi desdicha te dio.
Y aunque a ser mía otra vez
he vuelto en esta ocasión,
casarme con Feliciano
no le está bien a mi honor.

Ludovico   Ni al mío que vuelvas viva.

Luzbel   No tema.

Antolín   El caso llegó.

Ludovico   Que no ha de poder Francisco
                           porque de su religión
                           soy contrario, conseguir
                           que viva sin honra yo;
                           que a su pesar...

Juana   ¡Celio, Alberto!

Antolín   ¿Llego?

Luzbel   Sí.

(Al querer [Ludovico] sacar la daga, se pone en medio fray Antolín.)

Antolín   Téngase a Dios,
                           que es justicia de justicia.

Juana   Como un mármol se quedó.

Luzbel   En esa iglesia me espere;
                           que ya con todo cumplió.

Juana   Presto.

Luzbel   No hay que apresurarse.

Juana   ¡Lindamente sucedió!

Octavia   Jamás me vi tan gustosa.

(Vanse las dos.)

130

Antolín   ¿Qué mira? Ya se atufó.

Ludovico   Pues, ¿cómo tú...

Antolín   ¿Cómo? Sí.

Ludovico   ...no has temido?

Antolín   Como no;
que el poder que fray Forzado
tiene, en mí sustituyó.
Estése quedito, y oiga
con paciencia y atención
mis elocuentes palabras.
(Aparte.)   (Éste, lo mismo que yo,
sabe de letras sagradas.)

Ludovico   Soñando sin duda estoy.

Antolín   Dé limosna a San Francisco.
Cíñase con su cordón
que él le meterá en cintura
su estomagado rencor.
Si no, con su escapulario
que como estomaticón
le desbalague o componga,
como dijo Agamenón.
Mire que son sus doblones
los cabellos de Absalón
y que el demonio por ellos
le ha de asir. Deje que el Sol
los vea, pues son sus hijos.
Dé limosnas a trompón

para los pobres que Él hizo.
Funde un hospital o dos
y case veinte doncellas;
que ya por él no lo son.
Haga todo lo que digo
luego al punto; que si no,
se irá tan derecho al cielo
como el que de allá cayó
y se lo ahorrará de misas
de sepultura y clamor;
que, según su santa vida
y buena disposición,
no tendrá sobre su entierro
la parroquia un sí ni un no.

Ludovico   ¡Lego vil!

Antolín   Téngase, digo;
que soy yo mucho peor
que fray Forzado.

Ludovico   Mi rabia
es ya desesperación.

Antolín   Vomite todos los yerros
que se avestruz ambición
se ha tragado, y descalabre
con ellos a un confesor
con un guijarro como éste.

(Saca de la manga un guijarro.)

(Aparte.)   (No es mala la prevención
por si me embiste de golpe.)

132

El gran cardenal doctor
se sacudía los huesos
porque la carne voló
como el cútis o pellejo
que el desierto le dejó
pergamino, aunque arrugado,
sonaba como un tambor.

Luzbel   No diga más desatinos.

Ludovico   Un frío sudor
se ha esparcido por mi venas.

Antolín   ¿Por qué no me le dejó?

Luzbel   Calle, que es un loco. Vaya
y diga al Guardián que yo
en esta casa le espero.
No se detenga.

Antolín   Ya voy;
mas su caridad advierta
que es mía la conversión
de este hombre, que ya le dejo
más blando que un algodón.

(Vase.)

Ludovico   Mágico, demonio o santo,
que en mi determinación
todo es uno, ¿qué te importa
que yo me condene o no?

Luzbel   Siendo santo, me importare

mucho dar un alma a Dios;
mas siendo demonio, nada,
que ni tu condenación
me está mejor. El salvarte
me pudiera estar peor
muchas veces, Ludovico,
sin poderlo excusar yo.
Te he dicho que te enmendases
y que advirtiese tu error
que el término de tus culpas
se acercaba. Ya llegó.
Suplica de la sentencia.
Pide espera.

Ludovico   El corazón
se quiere salir del pecho.

Luzbel   ¿Qué aguardas? Pídele a Dios
con ansias que te dé tiempo.

Ludovico   No pueden tener perdón
mis culpas.

Luzbel   No desconfíes;
que ésa es la culpa mayor
que cometen los mortales.
Ponle por intercesor
a Francisco, y porque empiece
a ser tu amigo desde hoy
y en su amparo te reciba,
dale limosna.

Ludovico   ¡Eso no!

Luzbel   Mira que después de aquella
                          poderosa intercesión
                          de la siempre virgen madre,
                          no hay otra alguna mayor
                          para el Juez Divino. Mira
                          que, por ser su opuesto yo,
                          me ha dado el mayor castigo
                          que caber pudo en quien soy.
                          Pídele pues que interceda
                          por ti, que puede con Dios
                          tanto, que es de sus devotos
                          raro el que se condenó.
                          Él hará que te dé tiempo.
                          Pídele su protección
                          y a granjearle comienza.
                          Dale limosna.

Ludovico   ¡Eso no!
                          En llegando a dar limosna
                          a Francisco, olvido a Dios.

Luzbel   Pues mira que solo tienes...

Ludovico   No has de causarme temor.

Luzbel   ...un breve instante de vida.

Ludovico   Eso acredita que son
                          engaños tus persuasiones.
                          Jamás me sentí mejor.

Luzbel   Señor, ¿ya es tiempo?

(Dentro.)

San Miguel   Sí.

Luzbel   Rebelde, vil pecador,
          racional, fiero retrato
          mío, por opuesto a Dios,
          tu castigo llegó. Baja
          adonde en llama feroz,
          que ni fulmina ni alumbre,
          seas eterno carbón.

Ludovico   ¡Ay de mí!

(Húndese.)

Luzbel   ¡Y ay de cuantos
          son ricos con el sudor
          de los pobres! Ya Luzbel
          vuestras órdenes cumplió.
          Criador de cielo y tierra,
          ya tiene la fundación
          principio de ese convento
          que mi obediencia labró,
          ya en Luca con extremo
          general la devoción
          con estos frailes. ¿Qué falta
          para que deje, señor,
          este sayal, que aborrezco
          tanto como le amáis vos?

(Baja en una tramoya San Miguel.)

San Miguel   Luzbel, para que sacudas
          el yugo de tu opresión,

falta que a los pobres vuelvas
lo que a los pobres quitó
ese miserable bruto.

Luzbel   Pues, ¿cómo he de poder yo?

San Miguel   No repliques, que bien puedes,
pues Dios te da permisión;
y mira que solamente
persigas la religión
de Francisco en lo que a todas
pero en su alimento no.

(Vuela. [Sube San Miguel en la tramoya.])

Luzbel   En lo que más les importa
podré vengarme. Astarot,
del infeliz Ludovico
toma luego forma y voz
para ejecutar el orden
que tengo del Hacedor
Eterno.

(Vuelve a subir por donde se hundió el mismo Ludovico.)

Ludovico   Ya obedecido
estás.

Luzbel   Miguel me ordenó
que, primero que sacuda
el yugo de mi opresión,
vuelva a los pobres de Luca
todo cuanto les quitó
el mísero Ludovico;

y porque el Gobernador
no lo impida...

Ludovico   Ya te entiendo;
vamos a la ejecución.

Luzbel   Pues, por la ciudad a un tiempo
lo publique una legión
de las muchas de quien eres
capitán porque a tu voz
acuda el pueblo.

Ludovico   Bien dices.

Luzbel   Entra, y desde ese balcón
llámalos.

(Éntrase Ludovico.)

Ludovico   Pueblo de Luca,
ya mi crueldad se trocó
en lástima. Venid todos,
pobres llegad, que otro soy.

(Salen Alberto y Celio.)

Luzbel   Ya se juntan.

Alberto   Padre mío,
¿qué es aquesto?

Luzbel   Obra de Dios.
Quiere repartir su hacienda.

Celio   Pues advierta que a los dos
               nos debe muchas raciones.

Luzbel   Yo os daré satisfacción.

(Vase.)

Alberto   Todo el pueblo se ha juntado.

Celio   Ya viene el Gobernador.

(Sale el Gobernador, y criados.)

Gobernador   ¿Qué es esto? ¿Quién ha causado
               tan grande alboroto?

Ludovico   Yo.

Gobernador   Pues, qué intentáis?

Ludovico   Que a los pobres
               vuelvo lo que mi rigor
               los ha usurpado.

Gobernador   Mas, ¿cómo
               entre tanta confusión
               de gente será posible?

Ludovico   ¿No lo veis?

(Mira dentro [el Gobernador].)

Gobernador   ¡Válgame Dios!
               Fray Forzado lo reparte

solo.

Ludovico (Aparte.)   (Con una legión
                          de espíritus que le asiste.)

(Salen el Guardián, y fray Antolín.)

Antolín   Yo fui quien le convirtió.

Guardián   Calle; que no es Ludovico
                          el que mira.

Antolín   ¿Cómo no?
                          Pues, ¿estoy yo ciego, padre?

Gobernador   ¡Oh, padre Guardián!

Guardián   Señor.

Gobernador   ¿Qué dice de una mudanza
                          tan rara?

(Salen Luzbel, Feliciano, Octavia y Juana.)

Feliciano   ¡Sin vida estoy!

Luzbel   No tema; que Octavia es suya.

Gobernador   Señora, a buena ocasión
                          venís.

Octavia (Aparte.)   (La desdicha mía
                          esta mudanza causó.)

Luzbel   Ya tengo, padre Guardián
(Llegándose a él.)   de dejarlos permisión.

Guardián   Pues di quién eres y vete
                        sin que les causes horror;
                        que a todo el pueblo mañana
                        referiré el caso yo.

Gobernador   Ludovico, mi señora
                        Octavia...

Luzbel   Gobernador,
                        no prosigas; que ni es éste
                        Ludovico, ni soy yo
                        el que habéis pensado.

Gobernador   ¿Cómo?

(Quitándose el hábito [Luzbel].)

Luzbel   Aunque está sin bendición,
                        quitarme el hábito es fuerza
                        que de disfraz me sirvió.
                        Primero que os desengañe
                        escuchadme sin temor.
                        Al infeliz Ludovico
                        vivo la tierra tragó
                        y porque tú no pudieras
                        impedir la ejecución
                        de restituír su hacienda,
                        su misma forma tomó,
                        con orden mía, este impuro
                        espíritu. Luzbel soy.
                        De limosnero he servido

por mandamiento de Dios
a los hijos de Francisco
en pena de que fui yo
de negarles el sustento
esta ciudad, el autor.
El Guardián, que está presente,
a quien Dios le reveló
a todo el pueblo mañana
referirá en su sermón
el suceso más despacio.
Ya entre tus hijos y yo,
Francisco, cesó la tregua.
Ya vuelvo a ser tu mayor
contrario. Mira por ellos;
que si en su alimento no,
en perturbar su virtud
se ha de vengar mi rencor.

(Húndese.)

Gobernador   ¡Raro prodigio!

Feliciano   ¡Espantoso!

Guardián   De todo testigo soy.

Octavia   No estoy en mí, de asustada.

Juana   ¡Buen santo!

Antolín   ¡Que fuese yo
compañero del demonio!

Guardián   Sí, mas como santo obró.

Feliciano   Ya no hay estorbo que impida
                   Octavia mi pretensión.

Octavia   Deja que pierda primero
                   de esta desdicha el horror
                   que en fin fue mi esposo.

Gobernador   Es justo.

Feliciano   No puedo negarlo yo.

Antolín   En las jornadas del cielo
                   hallará sin distinción
                   este caso el que lo dude.
                   Merezca, si os agradó,
                   por extraño y verdadero,
                   ya que no aplauso, perdón.

                   Fin de la comedia

Libros a la carta

A la carta es un servicio especializado para
empresas,
librerías,
bibliotecas,
editoriales
y centros de enseñanza;
y permite confeccionar libros que, por su formato y concepción, sirven a los
propósitos más específicos de estas instituciones.

Las empresas nos encargan ediciones personalizadas para marketing editorial
o para regalos institucionales. Y los interesados solicitan, a título personal, edi-
ciones antiguas, o no disponibles en el mercado; y las acompañan con notas y
comentarios críticos.

Las ediciones tienen como apoyo un libro de estilo con todo tipo de referencias
sobre los criterios de tratamiento tipográfico aplicados a nuestros libros que
puede ser consultado en Linkgua-ediciones.com.

Linkgua edita por encargo diferentes versiones de una misma obra con dis-
tintos tratamientos ortotipográficos (actualizaciones de carácter divulgativo de
un clásico, o versiones estrictamente fieles a la edición original de referencia).

Este servicio de ediciones a la carta le permitirá, si usted se dedica a la ense-
ñanza, tener una forma de hacer pública su interpretación de un texto y, sobre
una versión digitalizada «base», usted podrá introducir interpretaciones del texto
fuente. Es un tópico que los profesores denuncien en clase los desmanes de
una edición, o vayan comentando errores de interpretación de un texto y esta
es una solución útil a esa necesidad del mundo académico.

Asimismo publicamos de manera sistemática, en un mismo catálogo, tesis
doctorales y actas de congresos académicos, que son distribuidas a través de
nuestra Web.

El servicio de «libros a la carta» funciona de dos formas.

1. Tenemos un fondo de libros digitalizados que usted puede personalizar en
tiradas de al menos cinco ejemplares. Estas personalizaciones pueden ser de
todo tipo: añadir notas de clase para uso de un grupo de estudiantes, introducir
logos corporativos para uso con fines de marketing empresarial, etc. etc.

2. Buscamos libros descatalogados de otras editoriales y los reeditamos en tiradas cortas a petición de un cliente.